日本人のための
中国語発音完全教本

盧尤 ［著］

発音解説動画視聴ページ

下記QRコードから、YouTubeのアスク出版「ASK INFO」チャンネルへ直接アクセスし、発音解説動画を視聴いただけます。解説動画は、全編を通したものと、パートごとに分割したものがあります。適宜ご利用ください。

◎全編通しの解説動画

◎パートごとに分割した解説動画

1. 基本母音
   (a/o/e/i/u/ü)

2. 複合母音
   (ao/ai/ou/ia/iao/iou/
   ua/uo/uai/ei/ie/uei/üe)

3. 鼻母音
   (an/ang/en/eng/uan/uang/uen/ueng/
   in/ing/ün/ong/iong/iang/ian/üan)

4. 子音①
   (b/p/m/f/d/t/n/l/g/k/h)

5. 子音②
   (j/q/x/z/c/s/zh/ch/sh/r/)
   子音と母音を組み合わせて発音するには)

6. 声調
   (第1声/第2声/第3声/第4声)

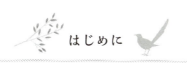

はじめに

　中国語は難しい。よく耳にするこの言葉。

　確かに、中国語は簡単な言語ではありません。がしかし、何から何まで難しいという言語でもありません。発音について言えば、日本語に似たような音、そして日本語にはなくても、日本人にとって簡単に発音できる音がたくさんある一方で、日本人にはとても難しいと感じる音があるのも事実。対面授業では以前、ひたすら学習者に真似をさせ、繰り返し発音させていました。しかし、そこには意外な「落とし穴」が潜んでいたことに後になって気づきました。それはすなわち、人間の「耳のいい加減さ」です。授業で100回も練習し、講師、学習者ともに「完全にできた」と認められた音なのに、講師がいないところで無意識のうちに「別の音」で発音するようになり、やがて「完全に間違った音」に変貌、治りにくい「クセ」になってしまうのです。

　「みなさんに一発でキレイな音を出して欲しい！　いつでも、どこでも」。どうしたらこの欲望が叶えられるのだろうか？　日々考え、模索してきました。やがて、対面授業で正しい音を真似る前に、「発音するルール」を覚え、その「ルール」に従って発音練習を行うようにしたのです。こうすることで自己チェックが可能となり、結果、ほとんどの人がいつでも、どこでも正しく音を発音できるようになりました。

　そうして個々の発音をマスターした後にもうひとつの難点が現れます。「音のつながり」です。個々には正しく発音できても、つながっていく過程で不安定になり、結果、間違った発音となってしまうことが少なくありません。これを克服するには中国語の「リズム」、つまり音の長さをキープすることだと考え、授業に取り入れたところ、非常に有効だとわかりました。1音節から2音節、3音節……そしてセンテンスまで、さまざまな音のつながりを、一歩一歩丁寧に練習していくことで、初めて中国語に触れる人も確実に正しい発音をマスターできるのです。

　この『日本人のための中国語発音完全教本』という本は、こうした試行錯誤と思いが込められています。みなさんの中国語学習の一助となれば幸いです。

　執筆する過程において、大学の恩師である松岡榮志先生に様々なアドバイスをいただき、また「関雎」や「如夢令」に素敵な日本語訳を拝借できたこと、心より感謝申し上げます。

　尚、本書の刊行にあたって、アスク出版の由利真美奈さんに、編集や校正に至るまで多大なご協力をいただきました。厚く御礼申し上げます。

2017年 夏　盧尤

もくじ

はじめに ……………………………………………………………………… 3
本書の使い方 ………………………………………………………………… 7
発音動画の視聴と音声ダウンロードサービス …………………………… 9

中国語発音とピンイン …………………………………………………… 10
中国語発音の構成要素 …………………………………………………… 12
中国語と日本語のリズムの違い ………………………………………… 12
おすすめします！ 準備運動 ……………………………………………… 13

第一部 ◆ 母音の章

1　基本母音（単母音）① 口を開ける音（a、o、e）……………… 16
　発音練習の方法 ……………………………………………………… 18
2　基本母音（単母音）② 口をあまり開けない音（i、u、ü）…… 20
3　基本母音の総合練習 ………………………………………………… 23

複合母音ってなんだ？ ……………………………………………… 25

4　複合母音① 大きな口から小さな口へ（ao、ai、ou）………… 26
5　複合母音② "i" から始まる複合母音（ia、iao、iou）………… 29
6　複合母音③ "u" から始まる複合母音（ua、uo、uai）………… 32
7　複合母音④ "e" を「エ」と発音する複合母音（ei、ie、uei、üe）… 35
8　複合母音の総合練習 ………………………………………………… 38

鼻母音ってなんだ？ ………………………………………………… 40

9　鼻母音① "a" と "e" から始まる鼻母音（an、ang、en、eng）… 41
10　鼻母音② "u" から始まる鼻母音（uan、uang、uen、ueng）… 44
11　鼻母音③ "i" "ü" "o" から始まる鼻母音
　　　　　　（in、ing、ün、ong、iong、iang）………………… 47
12　鼻母音④ "a" を「エ」と発音する鼻母音（ian、üan）……… 51
13　鼻母音の総合練習 ………………………………………………… 53
　　鼻母音の見分け方 ………………………………………………… 55

まとめ　ピンインのつづり方のルール【母音編】……………… 56

第二部 ◆ 子音の章

中国語の子音の種類と特徴 …………………………………… 60
- 1 くちびるを使って出す音（唇音　b、p、m、f）………… 62
- 2 舌先を使って出す音（舌尖音　d、t、n、l）…………… 64
- 3 ノドの奥から出す音（舌根音　g、k、h）……………… 66
- 4 子音の練習① ……………………………………………… 68
- 5 口を横に引いて出す音①（舌面音　j、q、x）………… 70
- 6 口を横に引いて出す音②（舌歯音　z、c、s）………… 72
- 7 舌をそり上げて出す音（そり舌音　zh、ch、sh、r）… 74
- 8 子音の練習② ……………………………………………… 77

まとめ　3つの顔を持つ"i" ………………………………… 79
- 9 子音の総合練習 …………………………………………… 80

子音と母音を組み合わせて発音するには ………………… 82
- 10 すべての音の発音練習 …………………………………… 83

プラスα　「○○アル！」のアル化 ……………………… 90
音節表 ……………………………………………………… 92
まとめ　ピンインのつづり方のルール【子音＋母音編】…… 94

第三部 ◆ 声調の章

4つの声調って？ ………………………………………… 98
- 1 1音節の声調①　第1声と第3声…高と低 ……………… 100
- 2 1音節の声調②　第2声と第4声…↗と↘ ……………… 101
- 3 四声の練習…"a"で集中練習 …………………………… 102

プラスα　声調記号の付け方 …………………………… 103
- 4 1音節単語の発音練習 …………………………………… 104

2音節の発音練習…その前に！（音節の切れ目を見極める方法）…… 105
- 5 2音節①　同じ声調が連続するもの …………………… 106
- 6 2音節②　第3声が連続するとき（第3声の声調変化）…… 110
- 7 2音節③　第1声との組み合わせ ………………………… 112
- 8 2音節④　第2声との組み合わせ ………………………… 116
- 9 2音節⑤　第4声との組み合わせ ………………………… 120
- 10 2音節⑥　第3声との組み合わせ ………………………… 124

11	2音節⑦ 軽声	128
12	2音節⑧ "一"と"不"の声調変化	132
13	2音節⑨ 声調変化の練習	134
まとめ	多重人格の第3声…第3声の変化のまとめ	135

第四部 ◆ リズムの章

1	3音節① 同じ声調が連続するもの	138
2	3音節② 第1声から始まる3音節	142
3	3音節③ 第2声から始まる3音節	146
4	3音節④ 第4声から始まる3音節	150
5	3音節⑤ 第3声から始まる3音節	154

つながる音節を読もう！ ……158
6	4音節のことばを読もう	159
	4音節の応用 『詩経』を読もう	163
7	もっとたくさん読もう	164
	5音節の応用 童謡を読もう	166
	多音節の応用 宋詞を読もう	167
	現代文 自己紹介の例文を読もう	169

むすびにかえて 中国語発音の心得5ヵ条 ……171

コラム 実を言いますと
其の壱 …… 58
其の弐 …… 96
其の参 ……136

◎ CD収録内容

Disc A … 第1部「母音の章」
　　　　～ 第2部「子音の章」 8 子音の練習②
Disc B … 第2部「子音の章」 9 子音の総合練習
　　　　～ 第3部「声調の章」 7 2音節③ 第1声との組み合わせ
Disc C … 第3部「声調の章」 8 2音節④ 第2声との組み合わせ
　　　　～ 第4部「リズムの章」現代文を読もう

本書の使い方

　本書は、中国語発音の構成要素を、「母音」「子音」「声調」の順に学習していきます。日本人にとって特に難しい要素である声調は、まず母音と子音の発音に慣れてから、集中的に取り組んでいきましょう。

▌発音解説部分

　口の使い方や発音の仕方、息の出し方などで共通する要素を持つ発音をグループ分けし、それぞれを比較しながら学べるように構成しています。

　それぞれの発音についての説明をよく読み、写真やイラストを見ながら、発音の動画や音声CDをよく聞き、発音方法を理解しましょう。

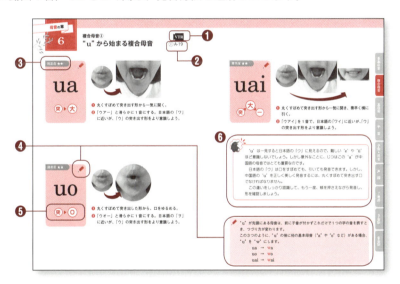

❶ **VTR** … 発音の動画があります。視聴サイトは2ページまたは9ページをご覧ください。

❷ ◎ A-00 …音声CDのトラック番号。A〜Cの3枚のディスクがあります。発音解説部分では、とりあげている発音を、まずそれぞれ2回ずつ録音しています。その後に発音練習に進みます。

❸ 難易度 ★★ …日本人にとっての難易度を3段階で表しています。★の数が多いほど難しい発音です。

❹ ✎ …ピンインのつづりに注意が必要なものにマークを付け、グループごとにまとめて、ルールとつづりを記載しています。

❺ …発音のイメージを一言で提示。

❻ …発音のワンポイントアドバイス。

練習部分

　発音の解説を読んで発音方法を理解したら、練習に取り組みましょう。本書では、①発音、②聞き取り、③ピンインのつづり、の３つの練習を設けています。

　発音と聞き取りは「車の両輪」です。発音と同時に聞き取り力を高めることにより、より早く確実に中国語発音が身につきます。そして、ピンインを正確に読むことが、正しく発音する「要」です。３つの練習でしっかりマスターしましょう。

　音声CDの収録形式と発音練習の方法は、18ページを参照してください。

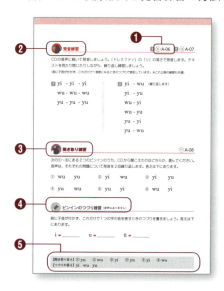
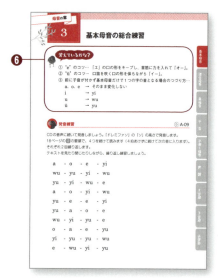

❶ ◎ A-00 …音声CDのトラック番号。

❷ **発音練習**
　…CDに続いて発音しましょう。CDの収録形式と練習方法は18ページをご覧ください。

❸ **聞き取り練習**
　…CDを聞いて答えましょう。余裕があれば、聞き取り練習にある発音も実際に発音してみると、さらによいでしょう。

❹ **ピンインのつづり練習**（音声はありません）
　…ピンインのつづり方の練習です。

❺ 【聞き取り答え】【つづりの答え】
　…聞き取り練習、ピンインのつづり練習の解答です。基本的に、練習問題があるページの下部にありますので、隠して問題に取り組んでください。
　表紙カバーの折り返し部分に、隠すための用紙があります。切り取ってご利用ください。

❻ **覚えているかな？**
　…総合練習の冒頭にあります。それまでに練習してきた発音やピンインつづりのポイントを覚えているか確認しましょう。

「プラスα」と「まとめ」

「プラスα」では、中国語発音の主たる要素以外で大切な発音を紹介しています。「まとめ」では、発音のポイントやピンインのつづり方について、それぞれの項目で個別に説明したものをまとめて整理しています。

◎口の中の図について

本書の発音説明で示している口の中の部分と、口の中の図は、右のように対応しています。

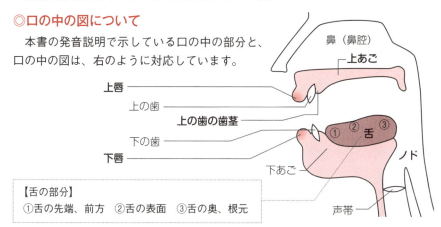

【舌の部分】
①舌の先端、前方　②舌の表面　③舌の奥、根元

発音動画の視聴と音声ダウンロードサービス

VTR マークで示している部分では、発音の解説動画をご視聴いただけます。

◎パソコンでの動画視聴・音声ダウンロード

アスク公式サイト 本書紹介ページ

https://www.ask-books.com/978-4-86639-098-7/

解説動画は、上記アスク公式サイトから、または2ページにあるQRコードでYouTubeの視聴ページにアクセスしてご視聴ください。

【音声ダウンロード・配信サービス】

CD収録の全音声をダウンロード、Apple PodcastまたはSpotifyの配信でご利用いただけます。上記サイトのリンクからご利用ください。

※音声ダウンロードのファイルはzip形式で圧縮されています。解凍してご利用ください。

※「Apple Podcast」「Spotify」は、上記サイトのリンクから開く再生リストをクリック（タップ）するだけで、オンラインでストリーミング再生されます（データ容量にご注意ください）。それぞれのアプリをご利用いただくと、オフラインでの再生も可能です。

Apple Podcastは、Apple Inc.の商標です。／Spotifyは、Spotify ABの商標および登録商標です。

※「audiobook.jp」もご利用いただけます。詳しくは上記サイトの案内をご覧ください。

動画視聴、音声ダウンロード方法等のお問い合わせ

アスクユーザーサポートセンター
メール：support@ask-digital.co.jp

左記メール、または巻末172ページに記載のお問合せフォームをご利用ください。

中国語発音とピンイン

ピンイン

…中国語の音を表す記号

　中国語の音は①母音、②子音、③声調、の3つの要素で構成され、「母音＋声調」または「子音＋母音＋声調」の組み合わせで音節となります。この、中国語の音を表すアルファベットの記号を、ピンイン（拼音）といいます。

❶ 母音

　中国語の母音には6つの基本母音（単母音）と、これを組み合わせる複合母音、および"-n"または"-ng"を加える鼻母音があります。

❷ 子音

　中国語の子音は21個あります。

❸ 声調

　中国語の最大の特徴である、「**音程（声の高さ）の高低と上げ下げ**」を表します。第1声〜第4声の全部で4種類と、これらから派生した軽声があります。
　同音異義語が多い中国語では、この「音程（声の高さ）の高低と上げ下げ」によって実質的に意味を判断していきます。

h❷**ǎ**❸**o**

❶

中国語には英語や韓国語のように子音だけで成立する音や、日本語のような促音、長音はありません。

好

漢字

　中国本土で使われている漢字は「簡体字」とよばれます。書きやすく覚えやすいように簡略化された漢字です。
　中国語では、ごく一部の漢字を除き、基本的に漢字1字につき1つの読み方しかありません。そして、すべて「1字1音節」で、音の長さは基本的にどの字も同じです。

中国語発音の構成要素

母音	基本母音（単母音）	a、o、e、i、u、ü
	複合母音	ao、ou、ai、ia、iao、iou、ua、uo、uai、ie、ei、uei、üe
	鼻母音	an、ang、en、eng、in、ing、ian、iang、uan、uang、uen、ueng、ong、iong、ün、üan

		無気音	有気音	鼻音	摩擦音	側面音
子音	唇音	b	p	m	f	
	舌尖音	d	t	n		l
	舌根音	g	k		h	
	舌面音	j	q		x	
	舌歯音	z	c		s	
	そり舌音	zh	ch		sh、r	

声調	第1声	第2声	第3声	第4声	軽声
	ー	／	∨	＼	

中国語発音

中国語と日本語のリズムの違い

日本語は、1つの漢字の読みを表すふりがなの文字数によって、漢字の音の長さが変わります。中国語は、ピンインが何文字あっても、1つの漢字の音の長さは変わりません。「温故知新」ということばを例に比べてみましょう。

温　故　知　新

中国語の読み方
どの字も同じ長さです。

wēn　gù　zhī　xīn
←漢字の読み
←漢字1字の長さ
タン・タン・タン・タン
←読むリズム
♩　♩　♩　♩

日本語の読み方
かなの個数によって長さが変わります。

おん　こ　ち　しん
←漢字の読み
←漢字1字の長さ
タン・タ・タ・タン
←読むリズム
♩　♪　♪　♩

おすすめします！ 準備運動

> **中国語を話すための体の準備をしましょう**
>
> 　中国語をきれいに発音するには、ふだん日本語を話すときよりもずっと息を使い、口を大きく動かさなければなりません。よりスムーズに発音練習ができるよう、練習前に準備運動をすることをおすすめします。

▍発音練習前の準備運動

1 肩の力を抜きましょう

息を吸いながら肩に力を入れてギューッとすくめ、そしてフッ息を吐き力を抜いて肩を落とします。
これを数回繰り返しましょう。

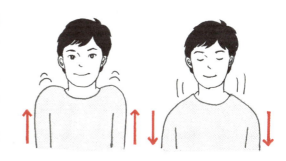

2 深〜く深呼吸しましょう

息を鼻から吸ってお腹に空気を入れます。そして口からゆっくり吐き出します。お腹でしっかり支えながら吐き出してください。
これを数回繰り返しましょう。

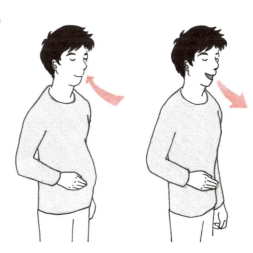

3 口と舌の筋肉をほぐしましょう

①大きくあくびをするように、口を大きく開けます。そして頬の筋肉を引き締めてしっかり閉じます。

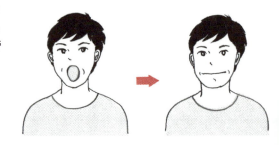

②両頬を手で押さえながらタコのように口を前に突き出します。手を離し、その形を２秒くらいキープ。そしてさっと頬の筋肉を引き締めて横に引きます。

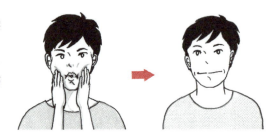

③舌を思い切り前に突き出して、奥へ引っ込めます。また前に突き出し、左右に動かし、奥へ引っ込めます。

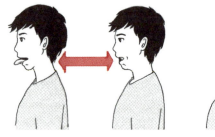
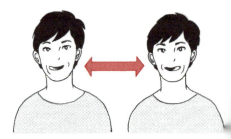

④口の中で、舌に力を入れて「チッチッチッチッ」と大きく舌打ちを繰り返しましょう。

第一部

母音の章

母音…音になるもの・口の開け方

　中国語の母音には、基本母音（単母音）と複合母音、鼻母音の3種類があります。基本母音は、"a" "o" "e" "i" "u" "ü"の6つです。

　母音を表すピンインは、日本語のローマ字つづりと同じように音を表す発音表示であることのほかに、『**口の開け方**』の**標識**でもあります。例えば "a" は口を大きく開く、"i" は横に引くという**形**を表します。

　どのピンインでどのような口の開け方をするのか、口をオーバーなくらいに動かしながら練習しましょう。

　また、子音が付かず、母音だけで1つの漢字の音を表すときのつづり方も大切ですので、合わせて覚えましょう。

※母音と子音の練習では、すべて「ドレミファソ」の「ソ」のイメージで、高くのばす音で練習します。

口の開け方のイメージ

基本母音（単母音）①
口を開ける音

◎ A-01

まず解説の発音を、それぞれ2回ずつ読みます（以下同様）

難易度 ★

a
口を⼤きく開く

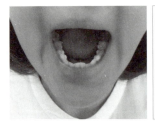
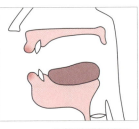

❶ 口を大きく開ける。下あごを下げるようにすると自然に大きく開く。

> 日本語の「ア」の3倍くらい開くイメージ！

❷ そのままの大きな口で「アー」と発音。

難易度 ★

o
丸い O（オー）の形

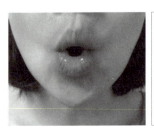
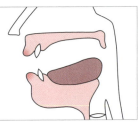

❶ "a" から口の空間を包み込むようにして大きな丸い「O」の形を作る。口の中にも丸い空間ができる感じ。

❷ 「オー」と発音。日本語よりも口の中で響く感じがする。

中国語の6つの基本母音で、日本語に近い音がなく難しいと感じるのは"e"と、この後に出てくる"ü"の2つだけです。この2つを重点的に練習しましょう。
（発音練習は次のページで行います）

難易度 ★★★

e

「エ」と「オ」の
中間

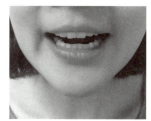

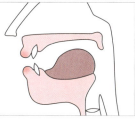

首の横筋に
力を入れて！

❶ 日本語の「エ」の口の形を作り、首筋に力を入れる。
❷ そのまま「オー」と発音。
❸ 力をゆるめる。すると、日本語の「ア」に近くなる。

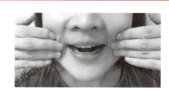

　右の写真のように、両手で軽く頬をひっぱると、「エ」の口の形ができます。そのまま首筋に力を入れて「オー」と言ってみましょう。
　"e"の音はとてもあいまいで、聞いたときに「ア？」「オ？」「ウ？」と迷ってしまうことがありますが、それが正解。逆にいえば、はっきりと「ア」「オ」「ウ」と聞こえたら、"e"の発音ができていない証拠です。

前に子音が付かず、"a""o""e"が1つの字の音（音節）の先頭にくるときは、どんな場合でもつづり方は変わらず、そのままつづると覚えておきましょう。

発音練習の方法

　母音と子音の発音練習は、1つの発音を繰り返すものと、2〜4つの発音を続けて繰り返すものとの、2種類の練習があります。
　CD音声はそれぞれ次のように録音しています。いずれもメトロノームのリズムを感じながら、音の長さを守って練習しましょう。

1　1つの発音を繰り返して読む練習

　CDでは、1つの発音を読むごとに間があります。その間の部分で、前に聞いた音と同じ音を、同じ長さで発音してください。
　CD音声は次のようになっています。4拍あけて次の発音に入ります。

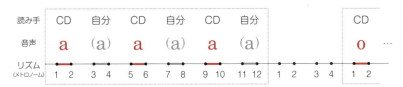

2　2〜4つの発音を続けて読む練習

　CDでは、2〜4つの発音を続けて読んだ後に、同じ長さの間があります。その間の部分で、前に聞いた音と同じ音を、同じ長さで発音してください。
　CD音声は次のようになっています。4拍あけて次のグループに入ります。

　再生スピードを変えられるプレーヤーであれば、遅くしたり速くしたりして練習するとよいでしょう。さらに、自分の発音を録音し、CDの発音と聞き比べてみると、どのくらいできているのかがよくわかります。

発音練習　　　　　　　　　　　1 ◎ A-02　　2 ◎ A-03

CDの音声に続いて発音しましょう。「ドレミファソ」の「ソ」の高さで発音します。テキストを見たり閉じたりしながら、繰り返し練習しましょう。
1を上から下へ読んだ後、2を上から下へ読んでいきます。

1	a - a - a	2	a - o　a - o
	o - o - o		a - e　a - e
	e - e - e		o - a　o - a
			o - e　o - e
			e - a　e - a
			e - o　e - o

 聞き取り練習　　　　　　　　　　　　　　　　　◎ A-04

次の①〜⑥にある２つのピンインのうち、CDから聞こえたのはどちらか、選んでください。音声は、それぞれの問題について発音を２回繰り返します。答えはこの下にありますので、隠してチャレンジしてください。

① a　o　　　② a　e　　　③ o　e
④ a　e　　　⑤ o　a　　　⑥ e　o

"a" か "o" か迷ったら "e"！

 ピンインのつづり練習（音声はありません）

前に子音が付かず、これだけで１つの字の音を表すときのつづりを書きましょう。答えはこの下にあります。

a ➡ _____　　o ➡ _____　　e ➡ _____

【聞き取り答え】① o　② e　③ o　④ a　⑤ a　⑥ e
【つづりの答え】a　o　e

基本母音（単母音）②
口をあまり開けない音

A-05

難易度 ★

i
真一文字に横に引く

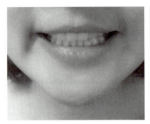
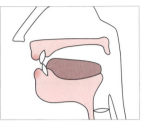

① 歯が見えるように、口を強く横に引く。
② はっきり「イー」と発音。

難易度 ★★

u
タコのように突き出す

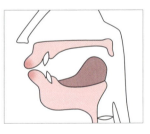

両手で頬を軽く押したときの形です！

① タコの口のように、口を丸めて突き出す。両手で頬を軽く押してみると形を作りやすい。
② そのまま「ウー」と発音。日本語よりくぐもった感じになる。

中国語の基本母音6個 "a、o、e、i、u、ü" を、まず暗唱できるようになりましょう。

難易度 ★★★

ü

口（笛）を吹くような形

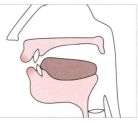

① 口笛を吹くように構える。口笛を吹けなくても、吹くつもりで口の形を作ろう。

② その口のままで「イー」と発音する。

> 口の形を崩さないで！ つぼめた唇の先端に力を集中させます。

"ü" の発音のとき、「イー」と言おうとすると、口の形もつい横に引っ張られてしまい、そのまま「イー」の音になってしまいがちです。口笛の口の形を最後までしっかり保ちましょう。

前に子音が付かず、"i" "u" "ü" だけで1つの字の音（音節）を表すとき、ピンインのつづり方が変わります。

        i → yi
        u → wu
        ü → yu

発音練習　　　　　　　　　　　　1 ◎ A-06　　2 ◎ A-07

CDの音声に続いて発音しましょう。「ドレミファソ」の「ソ」の高さで発音します。テキストを見たり閉じたりしながら、繰り返し練習しましょう。

(前に子音が付かず、これだけで1音節になるときのつづりで表記しています。※これ以降の練習も共通)

1 yi - yi - yi
　wu - wu - wu
　yu - yu - yu

2 yi - wu　（繰り返します）
　yi - yu
　wu - yi
　wu - yu
　yu - yi
　yu - wu

 **聞き取り練習**　　　　　　　　　　　　◎ A-08

次の①〜⑥にある2つのピンインのうち、CDから聞こえたのはどちらか、選んでください。音声は、それぞれの問題について発音を2回繰り返します。答えは下にあります。

① wu　yu　　② yi　wu　　③ yi　yu

④ yu　wu　　⑤ yu　yi　　⑥ wu　yi

 ピンインのつづり練習（音声はありません）

前に子音が付かず、これだけで1つの字の音を表すときのつづりを書きましょう。答えは下にあります。

i ➡ _____　　u ➡ _____　　ü ➡ _____

【聞き取り答え】① yu　② wu　③ yi　④ yu　⑤ yi　⑥ wu
【つづりの答え】yi　wu　yu

母音の章

3 基本母音の総合練習

 覚えているかな？

① "e" のコツ… 「エ」の口の形をキープし、首筋に力を入れて「オー」。
② "ü" のコツ… 口笛を吹く口の形を保ちながら「イー」。
③ 前に子音が付かず基本母音だけで1つの字の音となる場合のつづり方…
　　a、o、e　　→　そのまま変化しない
　　i　　　　　→　yi
　　u　　　　　→　wu
　　ü　　　　　→　yu

 発音練習　　　　　　　　　　　　　　　　　　　　　　　◎ A-09

CDの音声に続いて発音しましょう。「ドレミファソ」の「ソ」の高さで発音します。
18ページの **2** の要領で、4つを続けて読みます（4拍あけずに続けて次の音に入ります）。
それぞれ2回繰り返します。
テキストを見たり閉じたりしながら、繰り返し練習しましょう。

　　a　-　o　-　e　-　yi
　　wu　-　yu　-　yi　-　wu
　　yu　-　yi　-　wu　-　e
　　a　-　o　-　yi　-　wu
　　yu　-　e　-　e　-　yi
　　yu　-　a　-　o　-　e
　　wu　-　yi　-　yu　-　e
　　o　-　a　-　e　-　yu
　　yi　-　yu　-　yu　-　wu
　　e　-　wu　-　yi　-　yu

 **聞き取り練習** 　　　　　　　　　　　　　　　　　　　　　　A-10

次の①〜⑧にある４つのピンインのうち、CDから聞こえたのはどれでしょうか。１つ選んでください。
音声は、それぞれの問題について発音を２回繰り返します。答えは下にあります。

① a　　wu　　yi　　e　　　　② yi　　wu　　yu　　o

③ yu　　yi　　o　　a　　　　④ o　　yu　　e　　wu

⑤ o　　a　　e　　yi　　　　⑥ o　　yi　　e　　yu

⑦ e　　o　　wu　　yi　　　　⑧ wu　　e　　yi　　yu

"a"か"o"か"u"か"e"か迷ったら"e"！

 ピンインのつづり練習 （音声はありません）

次のピンインは、前に子音が付かず、これだけで１つの字の音を表すときのつづり方です。
これらの元の形を書きましょう。答えは下にあります。

a ➡ _____　　　o ➡ _____　　　e ➡ _____

yi ➡ _____　　wu ➡ _____　　yu ➡ _____

【聞き取り答え】① yi　② wu　③ yu　④ e　⑤ a　⑥ o　⑦ wu　⑧ yu
【つづりの答え】a o e i u ü

複合母音ってなんだ？

複合母音とは、2つ以上の**基本母音を組み合わせてできた母音**です。全部で13個あります。

発音のコツは、「**口の形を滑らかに素早く変化させ、1音にする**」こと。基本母音のはじめで、母音を表すピンインは「口の形の標識」だとお話ししましたね。その口の形を滑らかに変化させることで複合母音になります。変化する口の形を意識して練習していきましょう。

なお、前に子音が付かない場合に、"a、o、e"が音節の先頭にくるときは、ピンインのつづり方は変わりませんが、"i、u、ü"が先頭にくると、つづり方が変わるので要注意です。

日本語の発音とここが違う！

例　ao …カタカナで音を書くと「アオ」

日本語の場合、「ア」＋「オ」という2つの音で発音します。

中国語の複合母音では、「ア→オ」を連続して発音し、**1つの音**になります。

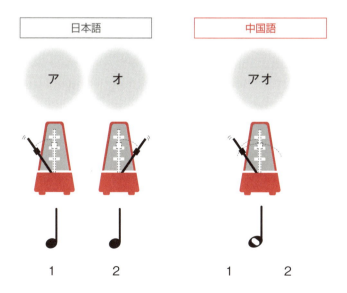

複合母音①
大きな口から小さな口へ

 A-11

難易度 ★★

ao

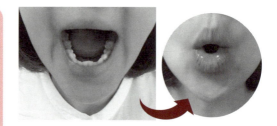

❶ 大きく開けた口を、包み込むようにして丸くする。
❷ 「アオー」と滑らかに1音にする。

難易度 ★★

ai

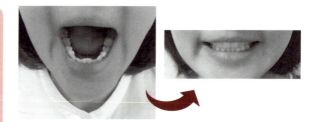

❶ 大きく開けた口を素早く横に引く。
❷ 「アイー」と滑らかに1音にする。

難易度 ★★

ou

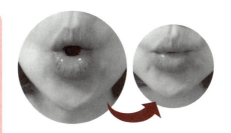

❶ 「o」の丸さのまま、さらに口を丸くすぼめて突き出す。
❷ 「オウー」と滑らかに1音にする。

まずはゆっくり、口の形をしっかり作って確認しながら発音しましょう。慣れてきたらだんだん形の変化のスピードを上げ、滑らかに素早く変えられるようにしましょう。

 先頭の母音が"a""o"なので、前に子音が付かないときもそのまま"ao""ai""ou"とつづります。

発音練習　　1 ◎A-12　2 ◎A-13

CDの音声に続いて発音しましょう。「ドレミファソ」の「ソ」の高さで発音します。テキストを見たり閉じたりしながら、繰り返し練習しましょう。

1 ao - ao - ao
　 ai - ai - ai
　 ou - ou - ou

2 ao - ai　　（繰り返します）
　 ao - ou
　 ai - ao
　 ai - ou
　 ou - ao
　 ou - ai

聞き取り練習　　◎A-14

次の①〜⑥にある２つのピンインのうち、CDから聞こえたのはどちらか、選んでください。音声は、それぞれの問題について発音を２回繰り返します。答えは下にあります。

① ao　　ou　　　② ai　　ou　　　③ ai　　ao

④ ao　　ai　　　⑤ ou　　ao　　　⑥ ou　　ai

ピンインのつづり練習　（音声はありません）

それぞれが１つの字の音を表すときのつづりを書きましょう。答えは下にあります。

ao ➡ _____　　　ai ➡ _____　　　ou ➡ _____

【聞き取り答え】① ao　② ou　③ ao　④ ai　⑤ ou　⑥ ai
【つづりの答え】ao　ai　ou

28

母音の章

5 複合母音②
"i"から始まる複合母音

VTR A-15

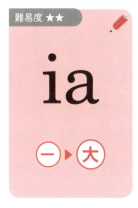
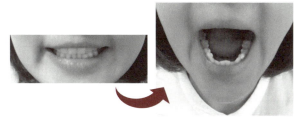

❶ 横に引く形から思い切り開ける。
❷ 「イアー」と滑らかに1音にする。日本語の「ヤー」に近いが、最初の「イ」で口を横に引くことをより意識しよう。

❶ 横に引いた形から一気に開き、最後に丸める。
❷ 「イアオ」と滑らかに1音にする。日本語の「ヤオ」に近いが、最初の「イ」で口を横に引くことをより意識しよう。

つづり方は次のページに

① 横に引いた形から軽く開き、最後に丸く突き出す。
② 「イォウ」と滑らかに1音にする。日本語の「ヨウ」に近いが、「オ」は強く出ない。

"iou" は、口の形が "i" の横に引いた形から "u" の丸くすぼめて突き出す形に変わるものです。真ん中の "o" はその過程にあって、弱くなります。

"i" が先頭にある母音は、前に子音が付かずこれだけで1つの字の音を表すとき、つづり方が変わります。
この3つのように、"i" の後に他の基本母音（"a" や "o" など）がある場合、"i" を "y" にします。

  ia → ya
  iao → yao
  iou → you

発音練習　　　　　　　　　　　　1 ◎ A-16　　2 ◎ A-17

CDの音声に続いて発音しましょう。「ドレミファソ」の「ソ」の高さで発音します。テキストを見たり閉じたりしながら、繰り返し練習しましょう。

1　ya - ya - ya
　　yao - yao - yao
　　you - you - you

2　ya - yao　　（繰り返します）
　　ya - you
　　yao - ya
　　yao - you
　　you - ya
　　you - yao

 聞き取り練習　　　　　　　　　　　　　　◎ A-18

次の①〜⑥にある2つのピンインのうち、CDから聞こえたのはどちらか、選んでください。音声は、それぞれの問題について発音を2回繰り返します。答えは下にあります。

① yao　　you　　② you　　yao　　③ you　　ya

④ ya　　yao　　⑤ ya　　you　　⑥ yao　　ya

 ピンインのつづり練習（音声はありません）

それぞれが1つの字の音を表すときのつづりを書きましょう。答えは下にあります。

ia ➡ _____　　iao ➡ _____　　iou ➡ _____

【聞き取り答え】① you　② you　③ ya　④ yao　⑤ ya　⑥ yao
【つづりの答え】ya　yao　you

複合母音③
"u" から始まる複合母音

 A-19

ua

難易度 ★★

突 ▶ 大

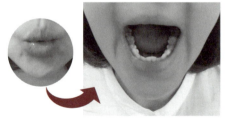

① 丸くすぼめて突き出す形から一気に開く。
② 「ウアー」と滑らかに1音にする。日本語の「ワ」に近いが、「ウ」の突き出す形をより意識しよう。

uo

難易度 ★★

突 ▶ O

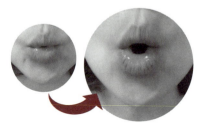

① 丸くすぼめて突き出した形から、口をゆるめる。
② 「ウオー」と滑らかに1音にする。日本語の「ヲ」に近いが、「ウ」の突き出す形をより意識しよう。

難易度 ★★

uai

突 大 一

❶ 丸くすぼめて突き出す形から一気に開き、素早く横に引く。

❷ 「ウアイ」を1音で。日本語の「ワイ」に近いが、「ウ」の突き出す形をより意識しよう。

"u"は一見すると日本語の「ウ」に見えるので、難しい"e"や"ü"ほど意識しないでしょう。しかし意外なことに、じつはこの"u"が中国語の母音ではとても重要なのです。

日本語の「ウ」は口をすぼめても、引いても発音できます。しかし、中国語の"u"を正しく美しく発音するには、丸くすぼめて突き出す口でなければなりません。

この違いをしっかり認識して、もう一度、頬を押さえながら発音し、形を確認しましょう。

"u"が先頭にある母音は、前に子音が付かずこれだけで1つの字の音を表すとき、つづり方が変わります。
この3つのように、"u"の後に他の基本母音 ("a"や"o"など) がある場合、"u"を"w"にします。

　　　ua → wa
　　　uo → wo
　　　uai → wai

🐦 発音練習　　　　　　　　　　　　　　1 ◎ A-20　　2 ◎ A-21

CDの音声に続いて発音しましょう。「ドレミファソ」の「ソ」の高さで発音します。テキストを見たり閉じたりしながら、繰り返し練習しましょう。

1　wa - wa - wa　　　　　2　wa - wo　　（繰り返します）
　　wo - wo - wo　　　　　　wa - wai
　　wai - wai - wai　　　　　wo - wa
　　　　　　　　　　　　　　 wo - wai
　　　　　　　　　　　　　　 wai - wa
　　　　　　　　　　　　　　 wai - wo

🐦 聞き取り練習　　　　　　　　　　　　　　◎ A-22

次の①〜⑥にある2つのピンインのうち、CDから聞こえたのはどちらか、選んでください。音声は、それぞれの問題について発音を2回繰り返します。答えは下にあります。

① wo　　wa　　　② wai　　wo　　　③ wai　　wa

④ wa　　wo　　　⑤ wa　　wai　　　⑥ wo　　wai

✏️ ピンインのつづり練習　(音声はありません)

それぞれが1つの字の音を表すときのつづりを書きましょう。答えは下にあります。

　　ua ➡ _____　　　uo ➡ _____　　　uai ➡ _____

【聞き取り答え】① wa　② wai　③ wa　④ wo　⑤ wai　⑥ wo
【つづりの答え】wa　wo　wai

母音の章

7 複合母音④
"e" を「エ」と発音する複合母音

VTR ◎ A-23

"e" が他の基本母音と組み合わされて複合母音になるときだけ、日本語の「エ」の発音とほぼ同じになります！

難易度 ★★

ei

エ ▶ イ

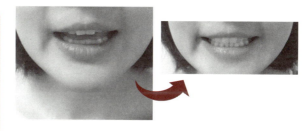

「エイー」と滑らかに1音で発音。

"e" から始まるので、つづり方は変化しません。

難易度 ★★

ie

イ ▶ エ

「イエー」と滑らかに1音で発音。口を横に引いて「イ」をしっかり発音しよう。

つづり方は次のページに

35

難易度 ★★

uei

突 ▶ エ ▶ 一

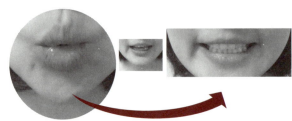

❶ 丸くすぼめて突き出す形からゆるめ、最後にしっかり横に引く。

❷ 「ウェイ」と1音で発音。真ん中の「エ」は口の変化の過程で通るだけなので、強く出ない。

難易度 ★★★

üe

笛 ▶ エ

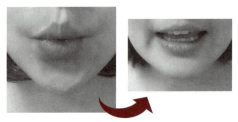

❶ 口笛の形から口をゆるめる。

❷ "ü" の音をしっかり出して、「üエ」と1音で発音。

✏️ "ie、uei、üe" が、前に子音が付かずこれだけで1つの字の音を表すとき、つづり方が変わります。

"ie" と "uei" は、先頭の "i、u" の後に他の基本母音があるので、

    ie → ye   uei → wei

"üe" のように、"ü" が先頭にくるときは、どんな場合でも "ü" を "yu" にします。

    üe → yue

> "y" を "i" と勘違いして「イウエ（iue）」と読まないように。
> "yu" のもとは "ü" です！

発音練習　　1 ◎ A-24　2 ◎ A-25

CDの音声に続いて発音しましょう。「ドレミファソ」の「ソ」の高さで発音します。テキストを見たり閉じたりしながら、繰り返し練習しましょう。
1 を上から下へ読み、次に 2 の左側を上から下へ、その後右側を読んでいきます。

1	ei - ei - ei	2	ei - ye （繰り返します）	wei - ei
	ye - ye - ye		ei - wei	wei - ye
	wei - wei - wei		ei - yue	wei - yue
	yue - yue - yue		ye - ei	yue - ei
			ye - wei	yue - ye
			ye - yue	yue - wei

 聞き取り練習　　◎ A-26

次の①〜⑥にある２つのピンインのうち、CDから聞こえたのはどちらか、選んでください。音声は、それぞれの問題について発音を２回繰り返します。答えは下にあります。

① wei　　ye　　　② wei　　ei　　　③ ye　　yue

④ ye　　ei　　　⑤ ei　　yue　　　⑥ wei　　yue

 ピンインのつづり練習（音声はありません）

それぞれが１つの字の音を表すときのつづりを書きましょう。答えは下にあります。

ie ➡ _____　　ei ➡ _____　　uei ➡ _____　　üe ➡ _____

【聞き取り答え】① wei　② ei　③ yue　④ ye　⑤ yue　⑥ wei
【つづりの答え】ye　ei　wei　yue

8 複合母音の総合練習

① 中国語は「1字1音節」だから…
　母音のピンインがいくつ入っていても音の長さは同じ。
② 複合母音の"e"…「エ」と発音！
③ 前に子音が付かず複合母音だけで1つの字の音を表す場合のつづり方…
　a-、o-、e-　→　変化しない
　i-　　　　　→　"i"を"y"にする
　u-　　　　　→　"u"を"w"にする
　ü-　　　　　→　"ü"を"yu"にする

 発音練習　　　　　　　　　　　　　　　　　　　　◎ A-27

CDの音声に続いて発音しましょう。4つを続けて読み、それぞれ2回繰り返します（4拍あけずに続けて次の音に入ります）。
テキストを見たり閉じたりしながら、繰り返し練習しましょう。

```
ao  - ai  - yao - you
ya  - ye  - yue - ei
wa  - wo  - ou  - ao
ou  - wo  - wei - wai
ei  - wei - ye  - yue
ya  - yao - ao  - ou
wo  - ou  - ao  - wa
wai - ai  - ye  - ei
yue - ye  - ya  - you
wei - you - ou  - wo
```

"ou"と"wo"の区別には特に注意！簡単そうに見えるのですが、話すときに口の動きがあやふやになり、どちらかわからなくなることが非常に多くあります。

 **聞き取り練習**　　　　　　　　　　　　　　　　　A-28

次の①〜⑧にある4つのピンインのうち、CDから聞こえたのはどれでしょうか。1つ選んでください。
音声は、それぞれの問題について発音を2回繰り返します。答えは下にあります。

① ai　　ei　　ya　　ao　　　　② wei　　ye　　ei　　wo

③ you　　yue　　yao　　ya　　　④ yue　　you　　ou　　wo

⑤ ou　　wo　　ao　　yao　　　⑥ wa　　wai　　ya　　yao

⑦ o　　ou　　ei　　wei　　　　⑧ ou　　ao　　wo　　ya

聞き取りでも"ou"と"wo"をはっきり聞き分けられるようになりましょう！

 ピンインのつづり練習 (音声はありません)

次のピンインは、これだけで1つの字の音を表すときのつづり方です。これらの元の形を書きましょう。答えは下にあります。

ao ➡ _____　　ai ➡ _____　　ou ➡ _____

ya ➡ _____　　yao ➡ _____　　you ➡ _____

wa ➡ _____　　wo ➡ _____　　wai ➡ _____

ye ➡ _____　　ei ➡ _____　　wei ➡ _____　　yue ➡ _____

【聞き取り答え】① ya　② wo　③ you　④ ou　⑤ yao　⑥ wai　⑦ ei　⑧ ou
【つづりの答え】ao　ai　ou　ia　iao　iou　ua　uo　uai　ie　ei　uei　üe

鼻母音ってなんだ？

鼻母音とは、日本語でいう「ン」の音です。中国語では"-n"と"-ng"の区別があり、全部で16個あります。

この"-n"と"-ng"の区別は中国語発音の中でも最難関の1つと思われていますが、コツさえつかめば大丈夫！　それは「舌」を使うか、「鼻」を使うかです。

"-n" と "-ng" はここが違う！

VTR

 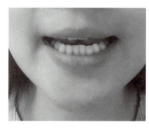 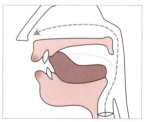

「案内（アンナイ）」の「ン」

あごを動かし、舌先を上の歯の歯茎の裏に付けて音を止め、息を鼻から出します。舌先を上の歯茎の裏に押し当てるために口がやや閉じ、音が止まります。

 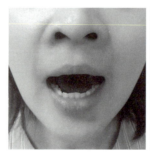 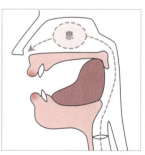

「案外（アンガイ）」の「ン」

あごは動かさず、舌の奥のほうに力を入れ、もり上げてノドをふさぎ、息を鼻の真ん中へためて音を止めます。そのため、鼻がふくらみます。

口は閉じずに開いたままで、後に余韻が残ります。

母音の章

9 鼻母音①
"a" と "e" から始まる鼻母音

VTR A-29

難易度 ★

an

難易度 ★★

ang

a 大

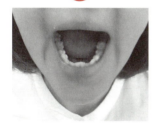

はっきりと大きく口を開けて「ア」を発音し、

n 舌

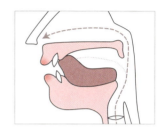

あごを動かし、舌先を上の歯茎の裏に付けて音を止める。

日本語の「アン」とほぼ同じ音になる。はっきりした音で、終わりもはっきり切れる。

ng 鼻

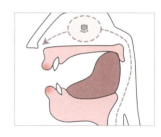

あごは動かさず、舌の奥のほうに力を入れて、息を鼻へためる。

「アーン」という感じでやわらかく響きが残るイメージ。

> 意識して鼻を思い切りふくらませてみましょう。恥ずかしがらないで！

"-n" と "-ng" の影響で、"a" の音が異なって聞こえます。"an" の "a" は平たい音、"ang" の "a" は丸い音に聞こえます。じっくり聞き比べてみましょう。

> 鼻母音にある"e"は、首筋に力を入れて「エ」の口で「オ」と言う、本来の"e"です。

難易度 ★★
en

難易度 ★★★
eng

e

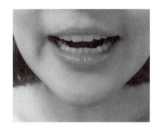

「エ」の口で「オ」と言う、本来の"e"から、

n

舌

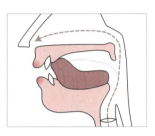

あごを動かし、舌先を上の歯茎の裏に付けて音を止める。

口があまり開かないので、比較的「エン」に近い音になる。

ng

鼻

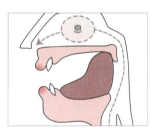

あごは動かさず、舌の奥のほうに力を入れて、息を鼻へためる。

"en"よりも口が開き、"e"は「ア」と「オ」の中間くらいの音になる。

> "an""ang"は口が大きく開くので、はっきり"a"とわかります。逆に、「ア？オ？」と迷ったら"en""eng"です！

> 先頭の母音が"a""e"なので、前に子音が付かずこれらだけで1つの字の音を表すときも、そのまま"an""ang""en""eng"とつづります。

発音練習　　　　　　　　　　1 ◎ A-30　2 ◎ A-31

CDの音声に続いて発音しましょう。「ドレミファソ」の「ソ」の高さで発音します。テキストを見たり閉じたりしながら、繰り返し練習しましょう。

1　an - an - an
　　ang - ang - ang
　　en - en - en
　　eng - eng - eng

2　an - ang　（繰り返します）
　　en - eng
　　an - en
　　ang - eng
　　en - ang
　　eng - an

 聞き取り練習　　　　　　　　　　◎ A-32

次の①〜④にある2つのピンインのうち、CDから聞こえたのはどちらか、選んでください。音声は、それぞれの問題について発音を2回繰り返します。答えは下にあります。

① an　　ang　　　② en　　ang

③ en　　eng　　　④ an　　eng

・"a"か"e"か迷ったら"e"
・"-ng"は鼻で響いて余韻が残る
という2原則で聞き分けましょう！

 ピンインのつづり練習（音声はありません）

それぞれが1つの字の音を表すときのつづりを書きましょう。答えは下にあります。

an ➡ _____　　ang ➡ _____　　en ➡ _____　　eng ➡ _____

【聞き取り答え】① an　② ang　③ en　④ eng
【つづりの答え】an　ang　en　eng

10 鼻母音② "u" から始まる鼻母音

 A-33

難易度 ★
uan

難易度 ★★
uang

u
 突

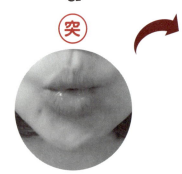

口を丸くすぼめて突き出す "u" から、

"-n" と "-ng" の影響で、"a" で口が開く大きさと、その音がやや異なります。

an
 大 舌

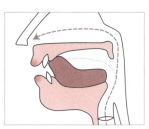

口を開けて "a" へ。

そしてあごを動かし、舌先を上の歯茎の裏に付けて音を止める。

「ワン」に近いが、最初の "u" の突き出す形と舌をしっかり意識しよう。

ang
 大 鼻

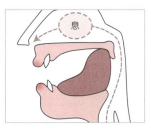

口を開けて "a" へ。

そしてあごは動かさず、舌の奥のほうに力を入れて、息を鼻へためる。

「ゥアーン」のイメージ。

難易度 ★★

uen

難易度 ★★★

ueng

u

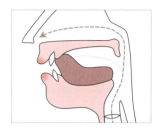

口を丸くすぼめて突き出す"u"から、

en

突き出す形を一瞬ゆるめ、舌先を上の歯茎の裏に付けて音を止める。

"u"＋"en"を1音で発音する。

eng

突き出す形を一瞬ゆるめ、舌の奥のほうに力を入れて、息を鼻へためる。

"u"＋"eng"を1音で発音する。

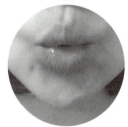

"uen"と"ueng"に含まれている"e"は、"u"から"n""ng"に移る際に一瞬口がゆるむことで出る音です。最初の"u"の丸くすぼめて突き出す口の形がしっかりできていれば、自然にこの音になります！

前に子音が付かずこれらだけで1つの字の音を表すとき、"u"の後に他の基本母音（"a"や"e"など）があるので、"u"を"w"にします。

　　　uan → wan　　　uang → wang
　　　uen → wen　　　ueng → weng

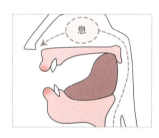

45

発音練習　　　　　　　　　1 ◎ A-34　2 ◎ A-35

CDの音声に続いて発音しましょう。「ドレミファソ」の「ソ」の高さで発音します。テキストを見たり閉じたりしながら、繰り返し練習しましょう。

1 wan - wan - wan
　wang - wang - wang
　wen - wen - wen
　weng - weng - weng

2 wan - wang （繰り返します）
　wen - weng
　wan - wen
　wang - weng
　wang - wen
　weng - wan

 聞き取り練習　　　　　　　　　　　　◎ A-36

次の①〜④にある2つのピンインのうち、CDから聞こえたのはどちらか、選んでください。音声は、それぞれの問題について発音を2回繰り返します。答えは下にあります。

① wang　　wan　　② wen　　weng

③ weng　　wan　　④ wang　　weng

 **ピンインのつづり練習** (音声はありません)

それぞれが1つの字の音を表すときのつづりを書きましょう。答えは下にあります。

uan ➡ ＿＿＿＿　　uang ➡ ＿＿＿＿

uen ➡ ＿＿＿＿　　ueng ➡ ＿＿＿＿

【聞き取り答え】① wan　② wen　③ weng　④ wang
【つづりの答え】wan　wang　wen　weng

11 鼻母音③ "i""ü""o"から始まる鼻母音

VTR ◎ A-37

in

難易度 ★★
ing

i
—

n
舌

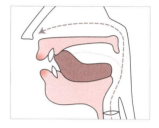

あごを動かし、舌先を上の歯茎の裏に付けて音を止める。
日本語の「イン」とほぼ同じ音になる。

口を横に一文字に引いて"i"を発音し、

ng
鼻

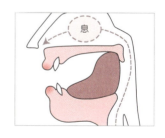

あごは動かさず、舌の奥のほうに力を入れて、息を鼻へためる。
「イーン」という感じだが、横に狭い口から鼻へ息をためる過程で口の中が広がり、異なる響きがちょっと混じる。

✏️ 前に子音が付かず、"i"から始まる鼻母音だけで1つの字の音を表すとき、この2つのように、"i"の後ろに他の基本母音がない場合は、"i"を"yi"にします。

　　　in → yin　　ing → ying

難易度 ★★★

ün

ü
笛

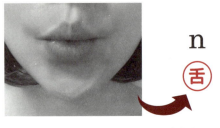

n
舌

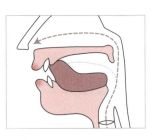

口笛の形の"ü"から、

舌先を上の歯茎の裏に付けて音を止める。
日本語の「ユン」に近いが、口の形が変わる過程で弱く「ィ」が混じる感じになる。

 これだけで1つの字の音を表すとき、"ü"を"yu"にします。
　　　　ün → yun　　　　　　　　　　※"üng"という音はありません。

難易度 ★★

ong

o
O

ng
鼻

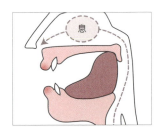

丸い"o"から、

あごは動かさず、舌の奥のほうに力を入れて、息を鼻へためる。
日本語の「オーン」よりも"o"がもっと深く響くイメージ。

難易度 ★★

iong

i ― ong ｏ 鼻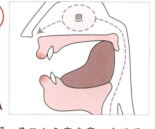

口を横に一文字に引いて"i"を発音し、

口をゆるめやや開いて"o"。そこから息を鼻へためる。
日本語の「ヨーン」に近いが、"i"をしっかり意識し、"o"の響きを感じよう。

難易度 ★★

iang

i ― ang 大 鼻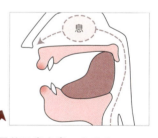

口を横に一文字に引いて"i"を発音し、

口を一気に大きく開き、最後は息を鼻へためる。
日本語の「ヤーン」に近いが、最初の"i"をしっかり意識し、「ィアーン」というイメージで。

> "iong""iang"がこれらだけで1つの字の音を表す場合、"i"の後ろに他の基本母音（"o"や"a"など）があるので、"i"を"y"にします。
> iong → yong　　iang → yang

発音練習　　　1 ◎ A-38　　2 ◎ A-39

CDの音声に続いて発音しましょう。「ドレミファソ」の「ソ」の高さで発音します。テキストを見たり閉じたりしながら、繰り返し練習しましょう。

1
yin - yin - yin
ying - ying - ying
yun - yun - yun
ong - ong - ong
yong - yong - yong
yang - yang - yang

2
yin - ying （繰り返します）
yun - yin
ong - yong
yang - yong
ying - yong
yang - yun

 聞き取り練習　　　◎ A-40

次の①〜⑥にある２つのピンインのうち、CDから聞こえたのはどちらか、選んでください。音声は、それぞれの問題について発音を２回繰り返します。答えは下にあります。

① yin　　yang　　　② ying　　yin

③ yun　　ying　　　④ yong　　yang

⑤ ying　　yang　　　⑥ yun　　yong

 ピンインのつづり練習 （音声はありません）

それぞれが１つの字の音を表すときのつづりを書きましょう。答えは下にあります。

in ➡ _____　　　ing ➡ _____　　　ün ➡ _____

iang ➡ _____　　　iong ➡ _____

"ong"は単独では存在せず、必ず子音が付きます。

【聞き取り答え】① yang ② yin ③ yun ④ yong ⑤ ying ⑥ yong
【つづりの答え】yin　ying　yun　yang　yong

母音の章

12 鼻母音④
"a" を「エ」と発音する鼻母音

VTR ◎ A-41

口の開き方が小さい"i"や"ü"から"an"へ瞬間的に変わるとき、"a"で十分に口が開かず、"a"は「ア」ではなく、「エ」に近くなります。

難易度 ★

ian

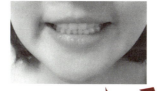

i
一

口を横に一文字に引いて"i"を発音し、

an
大 舌

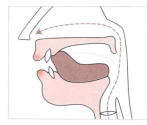

口を少しゆるめて「イェン」という感じに。最後はあごを動かし、舌先を上の歯茎の裏に付けて音を止める。

難易度 ★★

üan

ü
笛

口笛の形の"ü"から、

an
大 舌

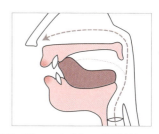

口を少しゆるめて「ュェン」という感じに。最後はあごを動かし、舌先を上の歯茎の裏に付けて音を止める。

前に子音が付かずこれらだけで1つの字の音を表す場合、49ページ、48ページと同様につづり方が変わります。　　ian → yan　　üan → yuan

発音練習　　　　　　　　1 ◎ A-42　2 ◎ A-43

CDの音声に続いて発音しましょう。「ドレミファソ」の「ソ」の高さで発音します。テキストを見たり閉じたりしながら、繰り返し練習しましょう。

1 yan - yan - yan
　　yuan - yuan - yuan

2 yan - yuan　（繰り返します）
　　yuan - yan
　　yan - yang
　　yang - yan
　　yun - yuan
　　yuan - yun

 聞き取り練習　　　　　　　　　　　◎ A-44

次の①〜⑥にある２つのピンインのうち、CDから聞こえたのはどちらか、選んでください。音声は、それぞれの問題について発音を２回繰り返します。答えは下にあります。

① yan　　yang　　② yun　　yuan

③ yan　　yang　　④ yun　　yuan

⑤ yuan　　yue　　⑥ ye　　yan

> ピンインと実際の音をしっかりリンクさせましょう！

ピンインのつづり練習（音声はありません）

それぞれが１つの字の音を表すときのつづりを書きましょう。答えは下にあります。

　　ian ➡ _____　　üan ➡ _____

【聞き取り答え】① yan　② yuan　③ yang　④ yun　⑤ yuan　⑥ yan
【つづりの答え】yan　yuan

母音の章

13 鼻母音の総合練習

覚えているかな？

① "-ng"のとき、息はどうする？… 鼻の真ん中にためる！
② 鼻母音の"e"は ………………… 本来の"e"！
③ "ian"と"üan"の"a"は ……「エ」！
④ 前に子音が付かず鼻母音だけで１つの字の音を表す場合のつづり方…
 a-、o-、e- → 変化しない
 i- ⟨ 後ろに他の基本母音がない → "i"を"yi"にする
 　　　　 〃　　　　　　　ある → "i"を"y"にする
 u- → "u"を"w"にする
 ü- → "ü"を"yu"にする

発音練習 A-45

CDの音に続いて発音しましょう。２つを続けて読み、それぞれ２回繰り返します（４拍あけずに続けて次の音に入ります）。
テキストを見たり閉じたりしながら、繰り返し練習しましょう。

an　-　ang

en　-　eng

wan　-　wang

wen　-　weng

yin　-　ying

ong　-　yong

yan　-　yang

yun　-　yuan

yin　-　yun

聞き取り練習   ◎ A-46

次の①〜⑨にある２つのピンインのうち、CDから聞こえたのはどちらか、選んでください。
音声は、それぞれの問題について発音を２回繰り返します。答えは下にあります。

① an　　ang　　　　　② en　　eng

③ yan　　yang　　　　④ ying　　yong

⑤ yan　　yuan　　　　⑥ wen　　weng

⑦ yin　　ying　　　　⑧ an　　en

⑨ yun　　yuan

ピンインのつづり練習（音声はありません）

次のピンインは、１つの音を表すときのつづり方です。これらの元の形を書きましょう。答えは下にあります。

an ➡ _____　　ang ➡ _____　　en ➡ _____　　eng ➡ _____

wan ➡ _____　　wang ➡ _____　　wen ➡ _____　　weng ➡ _____

yin ➡ _____　　ying ➡ _____　　yun ➡ _____　　yang ➡ _____

yong ➡ _____　　yan ➡ _____　　yuan ➡ _____

【聞き取り答え】
① ang　② eng　③ yang　④ yong　⑤ yuan　⑥ wen　⑦ yin　⑧ en　⑨ yun
【つづりの答え】
an　ang　en　eng　uan　uang　uen　ueng　in　ing　ün　iang　iong
ian　üan

鼻母音の見分け方、"-n"か"-ng"か？
…日本語の音読みで見分けられる！

鼻母音の"-n"と"-ng"、発音の区別はとても難しいですが、漢字からどちらなのかを見分けるのはとっても簡単。日本語の音読みでわかります。

音読みで「〜ン」は"-n"、「〜イ」「〜ウ」は"-ng"！

日本語音読み…ジン／ニン
中国語ピンイン…rén

日本語音読み…レイ
中国語ピンイン…léng

日本語音読み…トウ
中国語ピンイン…děng

ほかに例えば、"完"「カン：wán」と"王"「オウ：wáng」、"研"「ケン：yán」と"阳"（陽）「ヨウ：yáng」、"印"「イン：yìn」と"英"「エイ：yīng」などのように区別します。まさに、漢字が読める日本人ならではのラッキーポイントですね！

見分け方はこのようにカンタンでも、普段意識して使い分けていない"-n"と"-ng"の発音はとても難しくて、くじけそうになるかもしれません。けれど、あきらめないで！ じつは、中国の南方の人もこの発音がとっても苦手で、彼らもはっきり聞き分け、使い分けてはいないことが多いのです。

ですから、あまり心配しすぎないで大丈夫です！ 発音のポイントを振り返りながら、ゆっくり練習していきましょう！

| まとめ | ピンインのつづり方のルール【母音編】

　ここまで、✐マークで示してきたように、"i-""u-""ü-"から始まる母音は、前に子音が付かずこれだけで1つの字の音を表すとき、つづり方が変わります。ここでつづり方のルールを整理しておきましょう。

母音だけで1つの字の音を表す場合の、つづり方のルール

❶ "a、o、e"から始まる母音 … 変化しない

a　ao　ai　an　ang
o　ou
e　ei　en　eng

❷ "i"から始まる母音 …

①後ろに他の基本母音がない場合、"i"を"yi"にする

i → yi　　　　　in → yin　　　　ing → ying

②後ろに他の基本母音がある場合、"i"を"y"にする

ia → ya　　　　ie → ye　　　　iao → yao　　　iou → you
ian → yan　　　iang → yang　　iong → yong

❸ "u"から始まる母音 …

①後ろに他の基本母音がない場合、"u"を"wu"にする

u → wu

②後ろに他の基本母音がある場合、"u"を"w"にする

ua → wa　　　　uo → wo　　　　uai → wai　　　uei → wei
uan → wan　　　uang → wang　　uen → wen　　　ueng → weng

❹ "ü"から始まる母音 … "ü"を"yu"にする

ü → yu　　　　üe → yue　　　　ün → yun　　　üan → yuan

MEMO

実を言いますと 其の壱(イチ)

　これは中国人同士のホントウの話らしい。
　とある会社の新人歓迎パーティー。中国の北方出身の張さんが、ある可愛い新入社員の女の子と親しくしている同僚の李くんを見て、思わずこう聞いた。

「あなたたち、昔からの知り合い？」
李くんは答える。
「はい。我々は古い友人です。」
「そうですか？　どこで知り合ったの？」
すると、李さんがにやっと笑みを浮かべながらこう答えた。

"在床上。"（ベットの上で）

　あとはご想像のとおり！　あの場で、このような質問に対する、あのような答えを聞かされたとき、周りの反応はきっと万国共通でしょう。

　実を言いますと、李くんが学生時代、船旅をしていたとき、船内でその女の子と知り合ったのです。李くんは南方の出身で、前鼻音の"-n"と後鼻音の"-ng"をうまく区別できないまま発音しています。本来は"在船上"（**Zài chuán shang**　船で）と言いたかったのですが、意図しないまま"船 chuán"に余計な"-g"が付いてしまったために、"在床上"（**Zài chuáng shang** ベットの上で）となってしまったのです（汗）

　うん。"-n"と"-ng"、憎たらしいものですわ！
　李くんのその後のメイヨ回復をお祈りします！

第二部

子音の章

子音…息・口の使い方

　中国語の子音は、全部で21個あります。
　子音を表すピンインは、『**息の出し方と唇・舌・歯の使い方**』**の標識**です。例えば、舌先を使う音の"d"と"t"は、口の構え方は同じですが、息を出さずに発音するか、息を破裂するように出して発音するかという違いがあります。
　"da"と"ta"という音の場合、日本語のカナで表すと「ダ」と「タ」ですが、中国語には濁音と清音の区別はなく、中国人は、息の音が聞こえるか聞こえないかで聞き分けます。ところが日本語でふつうに発音すると、「ダ」も「タ」もどちらも息はほとんど出ません。そのため、例えば「ただ」という日本語を中国人が聞くと、「だた」とか「たた」、「だだ」と区別がつかなくなってしまうのです。
　中国語の子音で難しいとよく言われるのは、舌をそって発音する音ですが、そちらはコツさえつかめば大丈夫。それよりもこの「息を出すか出さないか」という息の出し方に特に注意しながら練習しましょう。

※子音だけでは声にならないので、まず、もっとも自然な形で出る母音を組み合わせて21個の子音の発音練習をします。その後、すべての母音との組み合わせを練習します。

※ここからのピンインはすべて「子音＋母音」の形になり、つづり方が変化することはほとんどありませんので、例外を除き、ピンインのつづり練習はありません。

中国語の子音の種類と特徴

　子音とは、発音する前に口や舌などを動かして、発音の準備をするものです。中国語の子音が行う口の動きは、日本語よりもバリエーションに富んでいます。中国語の21個の子音は、使う口の部分と息の状態によって、次のように分類されています。

中国語の子音

使う部分＼息	息を出さない（無気音）	息を強く出す（有気音）	鼻へ抜く（鼻音）	摩擦を起こす（摩擦音）	舌の側面から抜く（側面音）
くちびる（唇音）	b	p	m	f	
舌先（舌尖音）	d	t	n		l
舌の根元（舌根音）	g	k		h	
舌の表面（舌面音）	j	q		x	
舌と歯（舌歯音）	z	c		s	
舌をそり上げる（そり舌音）	zh	ch		sh、r	

　この分類の中で特に重要なのが、息の使い方で区別する「**無気音**」と「**有気音**」、そして舌をそり上げて発音する**そり舌音**です。

　息を出さずに発音する音を「無気音」、破裂させるように強く息を出して発音する音を「有気音」といいます。

　日本人が中国語を発音するとき、「気を抜いたら息が出ちゃう！」と、ついつい無気音に注意をしてしまいがちなのですが、本当に注意しなければならないのは有気音です。というのは、日本語の発音はふつうはどの音も息を意識しないから。よほど意識をしなければ、中国人が有気音だと認識できる音にはならないのです。

　右のページでその違いをお話しします。CDに、交互に発音した音声がありますので、よく聞き比べてみましょう。

無気音と有気音の違い

VTR ◎ A-47

◎ **無気音 "bo"** … "b" とほぼ同時に "o" が聞こえる

◎ **有気音 "po"** … "p" と同時に息の音が聞こえ、その後に "o" が聞こえる

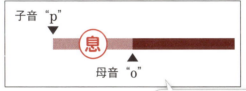

"o" の声が聞こえるまでに時間差があります！

　息が出ているか出ていないかを確認する方法として、よく紹介されているのが、紙を使う方法です。

無気音は
紙が揺れない

有気音は
紙が揺れる

　紙を用意するのが面倒でも、顔の前にてのひらを当ててみるだけで、違いがわかります。

無気音は
てのひらに息
を感じない

有気音は
てのひらに息
を感じる

やりやすい方法で練習していきましょう！

61

くちびるを使って出す音
（唇音）　◎ A-48

難易度 ★

b(o)

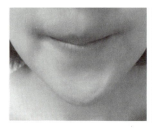 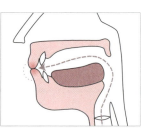

口の構え 両唇を固く閉じる。
発音 両唇を離すと同時に"o"。息は前に吹き出さず静かに「ブォー」と言うイメージ。

難易度 ★★

p(o)

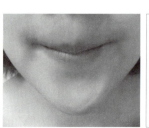 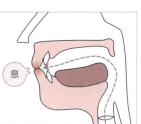

口の構え 両唇を固く閉じる。
発音 両唇を離す瞬間にぷっと息を吹き出し、続けて"o"を発音。息を吹きつけて「プォー」と言うイメージ。

発音練習　◎ A-49

CDの音声に続いて発音しましょう。18ページの **1** の要領でそれぞれ3回繰り返します。

bo - bo - bo　　　　po - po - po

この4つの子音は、母音"o"を付けて練習します。この中で"p"が有気音です。有気音は濃い色で示しています。

難易度 ★

m (o)

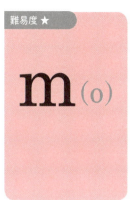
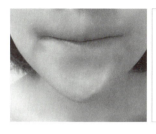
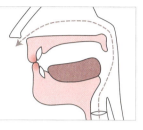

口の構え 両唇を固く閉じる。

発音 日本語のマ行とほぼ同じ。両唇を離すと同時に"o"を発音し、「ムォー」。

難易度 ★★

f (o)

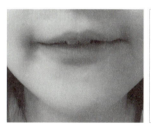
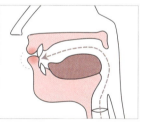

口の構え 下唇の内側を上の歯に軽く付ける。

発音 上の歯と下唇を離すと同時に"o"を発音する。

下唇は下の歯に巻きません。内側を上の歯に軽く当てるだけです！

mo - mo - mo   fo - fo - fo

子音の章 2

舌先を使って出す音
（舌尖音）

VTR ◎ A-50

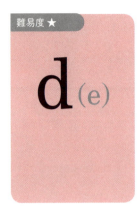
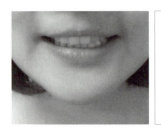
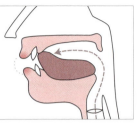

難易度 ★

d(e)

口の構え ほほえむように口を横に軽く引く。

舌 舌の先の方を上の歯の裏側にしっかり付ける。

発音 息を出さずに「ドゥ＋e」と発音。発声と同時に舌を離す。

> "e" の発音で、首筋に力を入れるのを忘れないで！

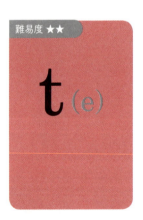
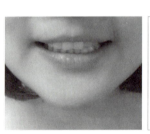
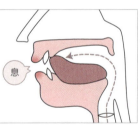

難易度 ★★

t(e)

口の構え ほほえむように口を横に軽く引く。

舌 舌の先の方を上の歯の裏側にしっかり付ける。

発音 息を強く吹き出して「トゥ＋e」と発音。息で上の歯の裏側に付けた舌を吹き飛ばすようにして、息を出すと同時に舌を離す。

発音練習

◎ A-51

CDの音声に続いて発音しましょう。

> 難しい "e" と組み合わせるには、まず "e" の発音に集中し、その後子音に集中すると発音しやすくなります。"e" の後と "de" の後に間隔があるので、それぞれ発音しましょう。

この4つの子音は、母音"e"を付けて練習します。この中で"t"が有気音です。

n(e)

難易度 ★

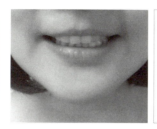
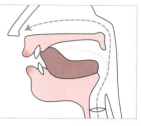

口の構え ほほえむように口を横に軽く引く。

舌 舌先から前方にかけてを上の歯の裏側にしっかり付ける。

発音 日本語のナ行の発音と同じように、「ヌ+e」と発音。発声と同時に舌を離す。

l(e)

難易度 ★

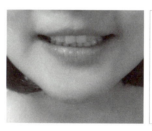
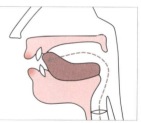

口の構え ほほえむように口を横に軽く引く。

舌 舌の先端を上の歯の裏側の歯茎に付ける。

発音 日本語のラ行の要領で「ル+e」と発音。発声と同時に舌を離す。

> 舌を歯茎から離す瞬間、軽く弾くようにするとgood。

e - de - e - de - e - de   e - te - e - te - e - te
e - ne - e - ne - e - ne   e - le - e - le - e - le

ノドの奥から出す音
（舌根音）

3

難易度 ★

g (e)

 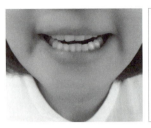 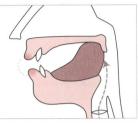

- 口の構え　ほほえむように口を横に軽く引く。
- 舌　上あごの奥、ノドに近いところを舌でふさぐように、舌の奥のほうを持ち上げる。
- 発音　息を出さずに「グ＋e」と発音。発声と同時に舌はノドから離れる。

難易度 ★★

k (e)

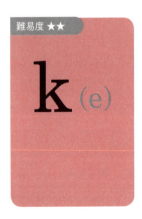 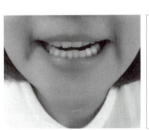 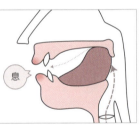

- 口の構え　ほほえむように口を横に軽く引く。
- 舌　上あごの奥、ノドに近いところを舌でふさぐように、舌の奥のほうを持ち上げる。
- 発音　ノドをふさいでいる舌を弾き飛ばすように、息をノドの奥から強く吹き出して「ク＋e」と発音。発声と同時に舌はノドから離れる。

 発音練習　　　　　　　　　　　　　　　　　A-53

64〜65ページと同様に、"e"と交互にそれぞれ3回繰り返しましょう。

e - ge - e - ge - e - ge　　　e - ke - e - ke - e - ke

この3つの子音は、母音"e"を付けて練習します。この中で"k"が有気音です。

難易度 ★★

h (e)

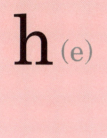
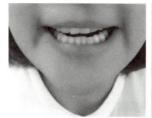

口の構え ほほえむように口を横に軽く引く。

舌 舌の奥のほうを持ち上げ、ノドの息の通り道を狭くする。（ノドをふさぎはしない）

発音 ノドの奥から息をしぼり出し、ノドと息がこすれ合うようにして「h＋e」と発音。

> ノドに刺さった小骨を吐き出すようなイメージで！

　日本語の「フ」は唇で発音しますが、中国語の"h"はノドで発音します。このため、日本語の「フ」とは明らかに違う音です。ノドの奥から出てくる（もれてくる）息を強く意識し、しぼり出すようにしてノドと息がこすれ合う感じを感じましょう。

　ちなみに、このノドの奥から発音する子音3つ"g""k""h"を、あまりに長時間にわたって練習し続けると、ノドを痛めてしまうことがあるのでご注意を！　適度に休憩しながら、それくらい「ノドを使うんだ」という意識を持って練習してください。

e - he - e - he - e - he

子音の練習① … "b(o)" から "h(e)" まで

 発音練習

CDの音声に続いて発音しましょう。18ページの **2** の要領で練習してください（4拍あけずに続けて次の音に入ります）。テキストを見たり閉じたりしながら、繰り返し練習しましょう。

まず、2つずつ練習します。それぞれ2回繰り返してください。　　　　　　　◎ A-54

　　bo　-　po
　　mo　-　fo
　　de　-　te
　　ne　-　le
　　ge　-　ke
　　he　-　he

次に、グループごとに練習します。それぞれ2回繰り返してください。　　　　◎ A-55

　　bo　-　po　-　mo　-　fo
　　de　-　te　-　ne　-　le
　　ge　-　ke　-　he

最後に、特に区別が難しい "f" と "h" を集中練習しましょう。　　　　　　◎ A-56
それぞれ2回繰り返してください。

　　fo　-　he
　　he　-　fo

> "f" と "h" は日本語ではどちらもハ行であまり差がありませんが、中国語では明らかに違う音です。
> くちびるを使うのか、ノドを使うのか、しっかり意識して区別しましょう。

聞き取り練習

CDを聞いて答えましょう。音声はそれぞれの問題について2回ずつ読みます。答えはこの下にあるので、隠して答えてください。

1. ①～⑥について、それぞれ（a）と（b）の2つの音声があります。書かれているピンイン通りに読んだのは（a）か（b）のどちらか、選んでください。　　　　◎A-57

   ① po （a／b）　　　　　　② te （a／b）

   ③ ke （a／b）　　　　　　④ le （a／b）

   ⑤ he （a／b）　　　　　　⑥ fo （a／b）

2. ①～⑧にある2つのピンインのうち、CDから聞こえたのはどちらか、選んでください。　　　　◎A-58

   ① fo　　he　　　　　　② ne　　te

   ③ le　　ge　　　　　　④ po　　bo

   ⑤ mo　　fo　　　　　　⑥ te　　le

   ⑦ ke　　ge　　　　　　⑧ bo　　mo

【聞き取り答え】※赤字が正解です。
1. ① a：bo／b：**po**　　② a：**te**／b：de
   ③ **a：ke**／b：ge　　④ a：**ne**／b：le
   ⑤ **a：ke**／b：he　　⑥ a：**he**／b：fo
2. ① fo　② ne　③ ge　④ bo　⑤ mo　⑥ te　⑦ ge　⑧ mo

子音の章 5 　口を横に引いて出す音①
（舌面音）　　VTR　◎ A-59

j (i)

難易度 ★

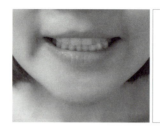
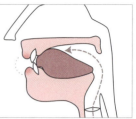

口の構え 口を真一文字に横に引く "i" の形。

発音 そのまま息を出さずに「ジー」と発音。強く濁らせずに発音する。

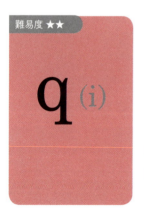

q (i)

難易度 ★★

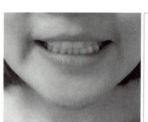
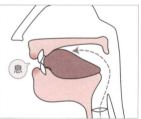

息

口の構え 口を真一文字に横に引く "i" の形。

発音 お腹から息を強く吹き出しながら「チー」と発音する。

> 英語読みの「キー」ではありません！

発音練習　　　　　　　　　　　　　◎ A-60

CDの音声に続いて発音しましょう。18ページの **1** の要領でそれぞれ3回繰り返します。

ji - ji - ji　　　　　　qi - qi - qi

この3つの子音は、母音"i"を付けて練習します。この中で"q"が有気音です。

$X_{(i)}$

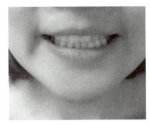
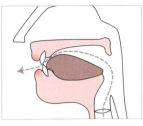

口の構え 口を真一文字に横に引く"i"の形。

発音 そのまま「シー」と発音。

> 発音し始める瞬間も、舌はどこにも付きません。

xi - xi - xi

6 口を横に引いて出す音② （舌歯音）

VTR ◎ A-61

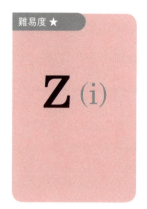

難易度 ★

Z(i)

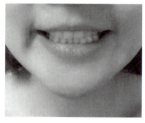

口の構え 口を真一文字に横に引く"i"の形。

発音 口を横に引いたまま「ヅー」と発音する。食いしばった上下の歯のすき間から音が出るイメージで。

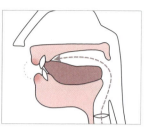

難易度 ★★

C(i)

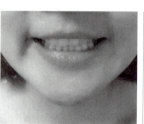

口の構え 口を真一文字に横に引く"i"の形。

発音 口を横に引いたまま息を強く吹き出し「ツー」と発音。

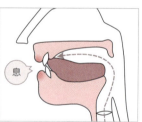

 発音練習 ◎ A-62

CDの音声に続いて発音しましょう。

zi - zi - zi　　　　　ci - ci - ci

この中で"c"が有気音です。

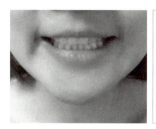

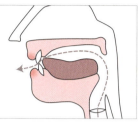

口の構え 口を真一文字に横に引く"i"の形。

発音 口を横に引いたまま「スー」と発音。

> 発音し始める瞬間も、舌はどこにも付きません。

"z""c""s"の音は、ピンインのつづりの上では、"i"を付けた"zi""ci""si"で表します。これは**口を横に引く「形」＝"i"の形**で「ツー」「ツー」「スー」という発音を表しており、"i"（イ）という音は表していません。

ここで、日本語のウ段の発音をイメージしてしまうと大きな間違い！

中国語には**口をすぼめて発音する"zu""cu""su"という音が別にあり**、日本語のウ段の要領で発音すると、こちらになってしまうのです。

発音じたいは難しくないと思いますが、ピンインつづりと実際に発音する音のギャップにはちょっと注意が必要ですね。

si - si - si

子音の章 7 舌をそり上げて出す音（そり舌音） ◎ A-63 VTR

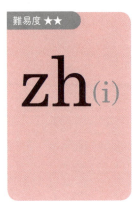

難易度 ★★

zh(i)

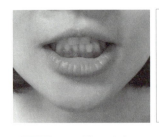
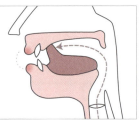

口の構え 口を横に引く。
舌 舌先を、上の歯茎の奥にある、上あごのくぼみのあたりに向けてそり上げ、軽く付ける。
発音 舌をそり上げたまま "ji"（ジー）と発音する。

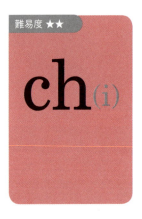

難易度 ★★

ch(i)

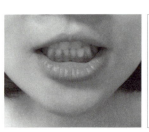
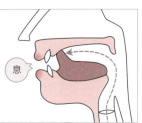

息

口の構え 口を横に引く。
舌 舌先を、上の歯茎の奥にある、上あごのくぼみのあたりに向けてそり上げ、軽く付ける。
発音 舌をそり上げたまま、強く息を吹き出して "qi"（チー）と発音する。

 発音練習 ◎ A-64

CDの音声に続いて発音しましょう。

zhi - zhi - zhi　　　　chi - chi - chi

この3つと、次のページの"r"を加えた4つのそり舌音の中で、"ch"が有気音です。

sh(i)

難易度 ★★

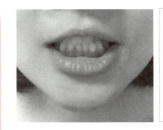
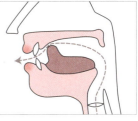

口の構え 口を横に引く。

舌 舌先を、上の歯茎の奥にある、上あごのくぼみのあたりに向けてそり上げる。上あごには付けない。

発音 舌をそり上げたまま"xi"（シー）と発音する。

　"h"は**舌をそり上げる標識**。舌をそりながら「ji（ジー）」「qi（チー）」「xi（シー）」と言えば"zhi""chi""shi"になります。
　舌をそり上げることによって、"i"は「イー」とは異なる音になるので、はっきりと「ジー」「チー」「シー」に聞こえたら、"zh""ch""sh"のそり舌ができていない証拠です。

shi - shi - shi

r (i)

難易度 ★★★

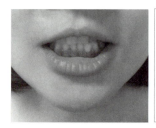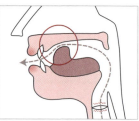

口の構え 口を横に引き、あごを引く。

舌 舌先を、上の歯茎の奥にある、上あごのくぼみのあたりに向けてそり上げる。上あごには付けない。

発音 舌をそり上げたまま「イー」と発音する。

> 舌はそり上げるだけで、どこにも付きません。

"r" は声帯を震わせて出す音で、「声帯音」ともいいます。あごを引くことで声帯に圧力がかかり、正確に発音できますので、慣れるまでこの状態で練習しましょう。
　また、舌が上あごについてしまうと "zh(i)" になってしまうので要注意です。

 発音練習　　　　　　　　　　　　　　　　　　　　　　A-65

CDの音声に続いて発音しましょう。

ri - ri - ri

子音の章

8 子音の練習② … "j(i)" から "r(i)" まで

発音練習

CDの音声に続いて発音しましょう。18ページの **2** の要領で練習してください（4拍あけずに続けて次の音に入ります）。テキストを見たり閉じたりしながら、繰り返し練習しましょう。

まず、無気音と有気音のペアで2つずつ練習します。それぞれ2回繰り返してください。

◎ A-66

ji - qi
zi - ci
zhi - chi

次に、グループごとに練習します。それぞれ2回繰り返してください。

◎ A-67

ji - qi - xi
zi - ci - si
zhi - chi - shi - ri

最後に、区別が難しい組み合わせを集中練習しましょう。
それぞれ2回繰り返してください。

◎ A-68

ji - zi
zhi - ji
qi - ci
chi - qi
xi - si
shi - xi
yi - ri
ri - zhi

聞き取り練習

CDを聞いて答えましょう。音声はそれぞれの問題について2回ずつ読みます。答えはこの下にあるので、隠して答えてください。

1. ①～⑧について、それぞれ（a）と（b）の2つの音声があります。書かれているピンイン通りに読んだのは（a）か（b）のどちらか、選んでください。　◎A-69

① qi （a／b）　　② chi （a／b）

③ ci （a／b）　　④ xi （a／b）

⑤ zhi （a／b）　　⑥ shi （a／b）

⑦ chi （a／b）　　⑧ ri （a／b）

2. ①～⑧にある2つのピンインのうち、CDから聞こえたのはどちらか、選んでください。　◎A-70

① zi　ji　　② zhi　qi

③ ji　zhi　　④ ji　xi

⑤ chi　zhi　　⑥ shi　xi

⑦ zi　ci　　⑧ xi　si

（Disc Aはここまでです。次項からDisc Bになります。）

【聞き取り答え】
1. ① a：qi／b：ji　② a：zhi／b：chi
　③ a：ci／b：zi　④ a：xi／b：chi
　⑤ a：zhi／b：zi　⑥ a：si／b：shi
　⑦ a：ci／b：chi　⑧ a：ri／b：yi
2. ①ji　②qi　③zhi　④xi　⑤chi　⑥shi　⑦ci　⑧si

| まとめ | **3つの顔を持つ "i"** |

　"j" "q" "x"、"z" "c" "s"、"zh" "ch" "sh" "r" という10個の子音に、"i" を付けて練習してきましたが、同じ "i" でも、この3種類のそれぞれによって、聞こえ方がまったく違っていることに気が付かれたでしょうか。
　中国語の "-i" は、単純に「イ」ではありません。前に付く子音によって3種類の音に変わる、という特技を持っています。

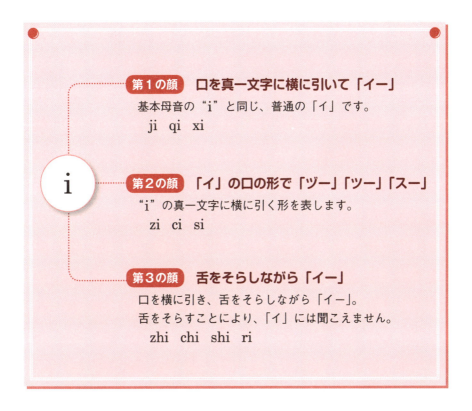

　15ページの母音の扉で、「母音は口の開け方の標識」だとお話ししましたが、この3つの顔を持つ "i" は、まさにその現れです。
　はじめはちょっと戸惑うかもしれませんが、3つの顔それぞれの "i" の形と音に注意して、コツをつかんでいきましょう。

子音の総合練習

 覚えているかな？

① 有気音と無気音 … 息の出し方が違う！
② そり舌音の舌は … 口のやや奥、上あごのくぼみあたりに向かってそり上げる。
③ "-i"は ………… 組み合わせる子音によって「3つの顔」に変わる。

発音練習 ◎ B-01

CDの音声に続いて発音しましょう。まず左側を上から下へ、続けて右側を上から下へ、それぞれ2回ずつ繰り返していきます。ランダムに並んでいますから、1つ1つしっかり区別しながら発音してください。テキストを見たり閉じたりしながら、繰り返し練習してください。

mo - mo	qi - qi
ne - ne	ji - ji
te - te	chi - chi
de - de	si - si
bo - bo	shi - shi
po - po	xi - xi
ge - ge	ci - ci
ke - ke	zhi - zhi
le - le	zi - zi
ri - ri	fo - fo
	he - he

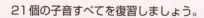

21個の子音すべてを復習しましょう。

 聞き取り練習

CDを聞いて答えましょう。音声はそれぞれの問題について２回ずつ読みます。答えはこの下にあるので、隠して答えてください。

1. ①〜⑧について、それぞれ（a）と（b）の２つの音声があります。書かれているピンイン通りに読んだのは（a）か（b）のどちらか、選んでください。　　　◎ B-02

   ① te　（a ／ b）　　　　② ke　（a ／ b）

   ③ qi　（a ／ b）　　　　④ chi　（a ／ b）

   ⑤ ri　（a ／ b）　　　　⑥ si　（a ／ b）

   ⑦ zhi　（a ／ b）　　　⑧ mo　（a ／ b）

2. ①〜⑫にある２つのピンインのうち、CDから聞こえたのはどちらか、選んでください。　◎ B-03

   ① ke　　he　　　　② bo　　mo

   ③ zhi　ji　　　　　④ he　　fo

   ⑤ xi　　shi　　　　⑥ ji　　zi

   ⑦ le　　ri　　　　　⑧ qi　　ci

   ⑨ de　　ge　　　　⑩ te　　ke

   ⑪ ci　　chi　　　　⑫ shi　　si

【聞き取り答え】
1. ① a：te／b：de　　② a：he／b：ke
   ③ a：ji／b：qi　　　④ a：zhi／b：chi
   ⑤ a：le／b：ri　　　⑥ a：si／b：shi
   ⑦ a：zhi／b：zi　　⑧ a：ne／b：mo
2. ① ke　② bo　③ ji　④ he　⑤ shi　⑥ zi　⑦ le　⑧ ci
   ⑨ ge　⑩ te　⑪ chi　⑫ si

子音と母音を組み合わせて発音するには

　子音と他の母音を組み合わせるときには、どうやって発音するのでしょうか。
　母音と子音の働きを確認しましょう。**母音は「口の開け方」の標識**です。**子音は「息の出し方と唇・舌・歯の使い方」の標識**です。そこで、これを組み合わせて発音するには、下の例のように子音の口の構え（唇、舌、歯）を作って発音し、母音の口の開き方に変えます。
　ここまで練習してきた音以外の、中国語のすべての音を読んでみましょう。

「子音+母音」の発音方法

VTR

無気音 "za" の場合

① "z" の口の構えを作り "z(i)" を発音

② "a" の「大きく開ける」口の開き方にする

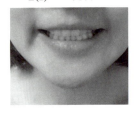
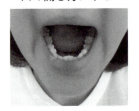

有気音 "ca" の場合

① "c" の口の構えを作る

② 息を吹き出し "c(i)" を発音

③ "a" の「大きく開ける」口の開き方にする

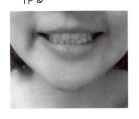
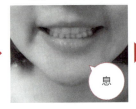
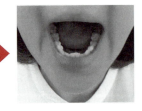

息

子音の章

10 （これまで練習した音を除く）すべての音の発音練習

覚えているかな？

① 複合母音の"e"は ……………「エ」と発音！
② "-ian"と"-üan"の"a"は …「エ」と発音！
③ "-i"は…… 組み合わせる子音によって「3つの顔」に変わる。
④ "-n"と"-ng"の違いは………… あごの動きと「舌」か「鼻」か！
⑤ "h"は……………………………… そり舌のサイン！

発音練習

ここまで練習してきた音以外の、中国語のすべての音を読みましょう。

1行ずつ、左から順番に、1つずつ2回繰り返して読んでいきます。メトロノームの音はありませんが、聞こえた声に続いて同じ長さで読んでください。それぞれ口の形や息の出し方、舌の使い方を確認しながら繰り返し練習しましょう。

CDの収録トラックは、母音ごとに区切っています。収録トラック番号は、母音グループごとにまとめて記載しています。

"a"から始まる母音との組み合わせ　　　◎ B-04 〜 08

	ba（繰り返し）	pa	ma	fa
	da	ta	na	la
a	ga	ka	ha	
	za	ca	sa	
	zha	cha	sha	
	bao	pao	mao	
	dao	tao	nao	lao
ao	gao	kao	hao	
	zao	cao	sao	
	zhao	chao	shao	rao

83

ai	bai	pai	mai	
	dai	tai	nai	lai
	gai	kai	hai	
	zai	cai	sai	
	zhai	chai	shai	
an	ban	pan	man	fan
	dan	tan	nan	lan
	gan	kan	han	
	zan	can	san	
	zhan	chan	shan	ran
ang	bang	pang	mang	fang
	dang	tang	nang	lang
	gang	kang	hang	
	zang	cang	sang	
	zhang	chang	shang	rang

"o" から始まる母音との組み合わせ　　◎ B-09～11

o				lo
ou		pou	mou	fou
	dou	tou	nou	lou
	gou	kou	hou	
	zou	cou	sou	
	zhou	chou	shou	rou
ong	dong	tong	nong	long
	gong	kong	hong	
	zong	cong	song	
	zhong	chong		rong

"i" から始まる母音との組み合わせ

◎ B-12 〜 20

i	bi	pi	mi	
	di	ti	ni	li
ia	dia			lia
	jia	qia	xia	
iao	biao	piao	miao	
	diao	tiao	niao	liao
	jiao	qiao	xiao	
ie	bie	pie	mie	
	die	tie	nie	lie
	jie	qie	xie	
in	bin	pin	min	
			nin	lin
	jin	qin	xin	
ing	bing	ping	ming	
	ding	ting	ning	ling
	jing	qing	xing	
iong	jiong	qiong	xiong	
iang			niang	liang
	jiang	qiang	xiang	
ian	bian	pian	mian	
	dian	tian	nian	lian
	jian	qian	xian	

"ian" の "a" は「エ」！

"u" から始まる母音との組み合わせ

◎ B-21〜26

u	bu	pu	mu	fu
	du	tu	nu	lu
	gu	ku	hu	
	zu	cu	su	
	zhu	chu	shu	ru
ua	gua	kua	hua	
	zhua	chua	shua	rua
uo	duo	tuo	nuo	luo
	guo	kuo	huo	
	zuo	cuo	suo	
	zhuo	chuo	shuo	ruo
uai	guai	kuai	huai	
	zhuai	chuai	shuai	
uan	duan	tuan	nuan	luan
	guan	kuan	huan	
	zuan	cuan	suan	
	zhuan	chuan	shuan	ruan
uang	guang	kuang	huang	
	zhuang	chuang	shuang	

"uan" "uang" の "a" は「ア」！

"e"から始まる母音との組み合わせ

◎ B-27〜30

e			me	
	ze	ce	se	
	zhe	che	she	re
ei	bei	pei	mei	fei
	dei	tei	nei	lei
	gei	kei	hei	
	zei	cei		
	zhei		shei	
en	ben	pen	men	fen
	den		nen	
	gen	ken	hen	
	zen	cen	sen	
	zhen	chen	shen	ren
eng	beng	peng	meng	feng
	deng	teng	neng	leng
	geng	keng	heng	
	zeng	ceng	seng	
	zheng	cheng	sheng	reng

87

子音と組み合わせるときに、つづり方が変わるピンインがあります。①"ü"から始まる母音と、②"iou、uei、uen"です。それぞれつづり方のルールを理解し、発音の練習をしましょう。

"ü"から始まる母音との組み合わせ　　◎B-31～34

"j" "q" "x"と組み合わせるときは、"ü"の上の2つの点を消し、"u"とつづります。

　　ju　qu　xu　　jue　que　xue
　　jun　qun　xun　　juan　quan　xuan

ただし、発音は"ü"のままです。

ü		nü	lü
	ju	qu	xu
üe		nüe	lüe
	jue	que	xue
ün	jun	qun	xun
üan	juan	quan	xuan

- "juan"、"quan"、"xuan"の"uan"は、実際には"üan"なので、"a"は「エ」と発音！
- "üan"を"uan"と表記するのは、"juan"、"quan"、"xuan"、そして母音だけの"yuan"。
この4つ以外の"uan"は"u" + "an"の"uan"で、"a"は「ア」と発音します。
- "n"と"l"は"u"とも組み合わせられるため、"ü"と組む時には"u"として表記できず、"ü"のままです！

"iou" "uei" "uen" との組み合わせ

◎ B-35〜37

"iou" "uei" "uen" の真ん中にある "o" や "e" は、口の形が変化する過程でそれに近い形を通るだけなので強く発音しません。そのことから、子音と組み合わせたときに、「真ん中の母音がつづりから消える」という現象が起こります。

ピンインから消えても、発音から消えてしまうわけではありません。ピンインに惑わされないように、しっかり意識して発音しましょう。

① "iou" を子音と組み合わせるとき、"iu" とつづります。
例 miou→miu jiou→jiu

② "uei" を子音と組み合わせるとき、"ui" とつづります。
例 duei→dui huei→hui zuei→zui

③ "uen" を子音と組み合わせるとき、"un" とつづります。
例 duen→dun guen→gun chuen→chun

iou	miu (繰り返し)		
	diu	niu	liu
	jiu	qiu	xiu

"nü" "lü" "ju" "qu" "xu" ととても間違いやすいので特に注意を！

uei	dui	tui		
	gui	kui	hui	
	zui	cui	sui	
	zhui	chui	shui	rui

uen	dun	tun	nun	lun
	gun	kun	hun	
	zun	cun	sun	
	zhun	chun	shun	run

「○○アル！」のアル化

　例えば"花"（花）。この漢字のピンインは"huā"ですが、話すときに語尾で舌をそって"huār"（"花儿"）とすることがあります。これが**アル化**（"儿化"）です。よく日本のマンガなどで中国人のセリフを表すのに、「○○アル！」と語尾に「アル」が付けられるのは、この現象からきています。

　アル化は中国の北方の方言で多用されるもので、これをベースとしてできている標準的な中国語発音にも多く取り入れられているのですが、南方の方言にはほとんどなく、南部ではあまり使われていません。ですからあまり神経質になる必要はないでしょう。ただ、より美しい中国語を話すためには、やはりできたほうがいいですね。ここで少し練習しておきましょう。

▎アル化の働き　　　　　　　　　　　　　　　　　　　　　◎B-38

❶ 品詞を区別する

例　"画"huà …動詞「描く」　　→ "画儿"huàr …名詞「絵」
　　"画画儿"huà huàr「絵を描く」

　　"盖"gài …動詞「フタをする」　→ "盖儿"gàir …名詞「フタ」
　　"盖盖儿"gài gàir「フタをする」

❷ かわいさや親しみのニュアンスを加える

例　"花"huā …（単に）花
　　→ "花儿"huār …かわいらしくてきれいで、よい香りのする花

　　"梨"lí …（単に）梨
　　→ "梨儿"lír …甘さやみずみずしさ、よい香りまで感じられる梨

　　"人"rén …（単に）人
　　→ "人儿"rénr …ある特定の「かわいい人」「愛らしい人」

❸ 必ずアル化で発音する漢字がある （音声は右ページの発音練習◎B-39を参照）

"儿""二""耳""而"といったいくつかの漢字は、
"e"をアル化して"er"と発音します。

アル化の発音方法 (音声は下の発音練習 ◎B-39 を参照)

舌先を、そり舌音の要領で上あごのくぼみあたりに向かってチョイとそり上げます（そり上げるだけで、上あごには付けません）。

◎ "-a / -e" + "r"
　…そのまま語尾で舌先をチョイとそり上げる
　　　hua + r → huar
　　　ge + r → ger

◎ "-i / -n" + "r"
　…"r" の前の "i" "n" は飛ばして、その前の音で舌先をチョイとそり上げる
　　　hui + r → huir　　…読み方は "hur"
　　　shi + r → shir　　…読み方は "shr"
　　　wan + r → wanr　…読み方は "war"
　　　zi + r → zir　　 …読み方は "zr"

◎ "-ng" + "r"
　…鼻に息をためて "-ng" を発音してから、舌先をチョイとそり上げる
　　　kong + r → kongr

◎ "er"
　…この場合だけ、"e" は日本語の「ア」で発音。「ア＋舌先チョイ上げ」。

"r" は「ル」ではありません！「舌先チョイ上げ」と覚えましょう。

発音練習　　　　　　　　　　　　　　　　　　◎B-39

「アル化の発音方法」で取り上げたものを発音しましょう。"er" は3回読みます。

er　　er　　er

huar　ger　huir　shir　wanr　zir　kongr

音節表 ◎ B-40

ここまで練習してきた中国語のすべての発音を一覧表としたものが「音節表」です。
CDでは、母音のみの音節（ゼロ子音）の"a"から、それぞれ1回ずつ、左から右へ、上から下へ1行ずつ読んでいます。音節表を見て聞きながら、これまで練習してきたことを振り返りましょう。

子音＼母音		a	o	e	er	ao	ai	ou	ei	an	ang	en	eng	ong	i	ia	iao	io
母音のみの音節（ゼロ子音）		a	o	e	er	ao	ai	ou	ei	an	ang	en	eng		yi	ya	yao	yo
唇音	b	ba	bo			bao	bai		bei	ban	bang	ben	beng		bi		biao	
	p	pa	po			pao	pai	pou	pei	pan	pang	pen	peng		pi		piao	
	m	ma	mo	me		mao	mai	mou	mei	man	mang	men	meng		mi		miao	m
	f	fa	fo					fou	fei	fan	fang	fen	feng					
舌尖音	d	da		de		dao	dai	dou	dei	dan	dang	den	deng	dong	di	dia	diao	d
	t	ta		te		tao	tai	tou	tei	tan	tang		teng	tong	ti		tiao	
	n	na		ne		nao	nai	nou	nei	nan	nang	nen	neng	nong	ni		niao	n
	l	la	lo	le		lao	lai	lou	lei	lan	lang		leng	long	li	lia	liao	l
舌根音	g	ga		ge		gao	gai	gou	gei	gan	gang	gen	geng	gong				
	k	ka		ke		kao	kai	kou	kei	kan	kang	ken	keng	kong				
	h	ha		he		hao	hai	hou	hei	han	hang	hen	heng	hong				
舌面音	j														ji	jia	jiao	j
	q														qi	qia	qiao	q
	x														xi	xia	xiao	x
舌歯音	z	za		ze		zao	zai	zou	zei	zan	zang	zen	zeng	zong	zi			
	c	ca		ce		cao	cai	cou	cei	can	cang	cen	ceng	cong	ci			
	s	sa		se		sao	sai	sou		san	sang	sen	seng	song	si			
そり舌音	zh	zha		zhe		zhao	zhai	zhou	zhei	zhan	zhang	zhen	zheng	zhong	zhi			
	ch	cha		che		chao	chai	chou		chan	chang	chen	cheng	chong	chi			
	sh	sha		she		shao	shai	shou	shei	shan	shang	shen	sheng		shi			
	r			re		rao		rou		ran	rang	ren	reng	rong	ri			

ピンインつづりと実際の発音に注意が必要なものには、赤い色を付けています。なぜ注意が必要なのか、説明できるようになりましょう。

e	in	ing	ian	iang	iong	u	ua	uo	uai	uei	uan	uang	uen	ueng	ü	üe	ün	üan
	yin	ying	yan	yang	yong	wu	wa	wo	wai	wei	wan	wang	wen	weng	yu	yue	yun	yuan
ie	bin	bing	bian			bu												
ie	pin	ping	pian			pu												
ie	min	ming	mian			mu												
						fu												
e		ding	dian			du		duo		dui	duan		dun					
e		ting	tian			tu		tuo		tui	tuan		tun					
e	nin	ning	nian	niang		nu		nuo			nuan		nun		nü	nüe		
e	lin	ling	lian	liang		lu		luo			luan		lun		lü	lüe		
						gu	gua	guo	guai	gui	guan	guang	gun					
						ku	kua	kuo	kuai	kui	kuan	kuang	kun					
						hu	hua	huo	huai	hui	huan	huang	hun					
e	jin	jing	jian	jiang	jiong										ju	jue	jun	juan
e	qin	qing	qian	qiang	qiong										qu	que	qun	quan
e	xin	xing	xian	xiang	xiong										xu	xue	xun	xuan
						zu		zuo		zui	zuan		zun					
						cu		cuo		cui	cuan		cun					
						su		suo		sui	suan		sun					
						zhu	zhua	zhuo	zhuai	zhui	zhuan	zhuang	zhun					
						chu	chua	chuo	chuai	chui	chuan	chuang	chun					
						shu	shua	shuo	shuai	shui	shuan	shuang	shun					
						ru	rua	ruo		rui	ruan		run					

93

| まとめ | # ピンインのつづり方のルール【子音＋母音編】

子音と母音を組み合わせたときのつづり方をまとめます。下の練習問題で覚えられたか確認しましょう。

つづり方のルール

ピンインのつづり方には、母音の章でお話しした４つのルール（56ページ）と、ここでまとめる、子音と組み合わせたときに変わる２つのルールがあります。合計６つのルールをマスターしましょう。

⑤ "ü" から始まる母音

"j、q、x" に付くとき、上の２つの点を消します。

ただし、発音は "ü" のままです。

例　ju　que　xun　juan

⑥ "-iou" "-uei" "-uen"

① "-iou" は "-iu" に　　例　miu　diu　liu　qiu　xiu

② "-uei" は "-ui" に　　例　dui　tui　zui　cui　shui　rui

③ "-uen" は "-un" に　　例　dun　lun　kun　cun　zhun

ピンインのつづり練習（音声はありません）

次のピンインの正しいつづりを書きましょう。

suei → _____　　niou → _____　　jün → _____　　qü → _____

huen → _____　　kuei → _____　　xün → _____　　xüan → _____

huei → _____　　guen → _____　　qüe → _____　　jiou → _____

【つづりの答え】
sui　niu　jun　qu　hun　kui　xun　xuan　hui　gun　que　jiu

MEMO

実を言いますと 其の弐

　これも、ホントウの話です。
　私の学生のAさんが一年ほど中国語を学んだのち、中国に行って、自身の中国語がどこまで通じるかを試してみたい、と考えるようになりました。
　あれこれ考えた末、初上陸の地を国際的な大都市、上海に決めました。

　3時間半の快適な空の旅を経て、Aさんは上海に降り立った。
　空港を出て、いよいよ中国語を駆使するときがやってきた。
　タクシーの運転手に宿泊するホテルの名前を難なく伝え、いざ、目的地へ。
　夜遅く上海に到着したAさんを乗せたタクシーは、渋滞が解消された広〜い道をスイスイ走る。スイスイと。

　両側のネオンがビュンビュン後ろへ流れていくスピードに、驚いたAさん。思わず「コワイ！　コワイ！」と日本語を口にした。
　すると、運転手はこう言った。
　「えっ?!　これ以上スピードを出すと切符を切られてしまうよ！」……。

　なぜ？
　実を言いますと、「速く！」という意味は中国語では"快！"（Kuài）と発音します。そう、日本語の「コワイ」に、とっても似ているんです。

　「コワイ！」→ "Kuài"（速く！）
　「コワイ！　コワイ！」→ "Kuài" "Kuài"（速く！　速く！）

　うん。みなさん、中国で車に乗ったときは、「コワイ」という日本語は慎んだほうが良いかも……

第三部

声調の章

4つの音程でさまざまな意味を使い分ける！

さて、いよいよ中国語発音最大のポイント「声調」です。

声調とは、1音節の中にある**音程（声の高さ）の高低と上げ下げ**のこと。中国語には

・高いまま保つ音………………………… **第1声「ー」**

・低く始めて一気に高く上げる音…… **第2声「╱」**

・低くおさえる音………………………… **第3声「✓」**

・高く始めて一気に下げる音………… **第4声「╲」**

の4つがあり、"四声"と呼ばれます※。

例えば"完"（wán）と"晩"（wǎn）。どちらもピンインつづりは「wan」ですが、"完"は第2声、"晩"は第3声です。同音異義語が多い中国語では、声調でことばをより詳細に区別しており、声調が意思疎通のカギとなるのです。

子音と母音をどれだけ完璧に発音できても、声調があやふやだとうまく伝わりません。まずは1音節ずつ、その後に2音節、3音節と、さまざまな組み合わせで声調の練習をしていきましょう。

※ほかに、四声から派生した「軽声」もあります。

4つの声調って？

音感をマスター…体で音程の上げ下げを覚えよう！

一言に「音程の上げ下げ」と言っても、具体的にはどのような形なのかわかりにくい…そんなときには、手や指を音の高さに合わせて動かすことで、音の上下の感覚を覚えましょう。

4つの声調

ここまでの母音と子音の練習では、ずっと「ドレミファソ」の「ソ」の音の高さで練習してきました。この「ソ」が、4つの声調の中で最も高い音である第1声（ー）の高さです。

この第1声を基準として、他の3つの声調である第2声（／）、第3声（∨）、第4声（＼）の音の高さを図で表すと、次のようになります。

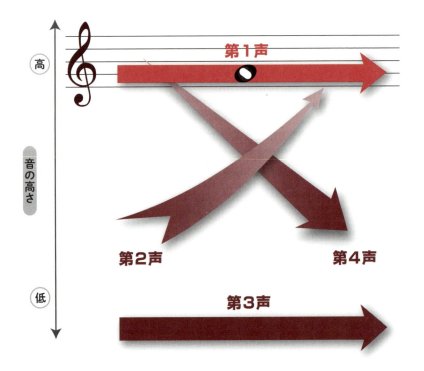

それぞれ聞いてみましょう。

VTR ◎ B-41

① 第1声「ー」：
「ドレミファソ」の「ソ」で
まっすぐのばす

音の高さに合わせて手を動かしましょう。
第1声は高い位置でまっすぐ横へ。
指先を動かすだけもいいですよ！

② 第2声「／」：
大げさにびっくりしたときの
「ええっ！」

第2声は
斜め下から
一気に斜め
上へ。

③ 第3声「∨」：
ずっと低い「ド」で
ぐっと抑える

第3声は
低い位置で横へ。

④ 第4声「＼」：
カラスの鳴き声「カァ」

第4声は
斜め上から
一気に斜め
下へ。

99

1音節の声調①
第1声と第3声…高と低

◎ B-42

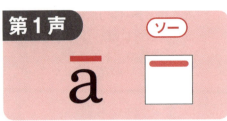

- 「ドレミファソ」の「ソ」。
- 4つの声調の中で一番高く、これより高い音はない。

- 限界まで下げた低〜い「ド」。
- 4つの声調の中で一番低く、これより低い音はない。

 第1声は、自分が思うよりもさらに高めでキープ！
「ー」の記号を見て低く発音してしまいがちなので気を付けましょう。

反対に第3声は、ずーんと低いところで低さをキープ！
「ˇ」の形を見て語尾を上げたくなっても、上げません。

第1声と第3声は想像以上に高低差があります！

 発音練習 ◎ B-43

CDの音声に続いて、音の高低差を意識しながら発音しましょう。18ページの **1** の要領で、それぞれ3回繰り返します。テキストを見たり閉じたりしながら、繰り返し練習しましょう。

ā - ā - ā　　　ǎ - ǎ - ǎ

声調の章 2

1音節の声調②
第2声と第4声… ↗ と ↘　　◎ B-44

- 低く始めて一気に上げる。
- びっくりして大げさに「ええっ」と言う要領で、思い切り上げる。

- 高く始めて一気に下げる。
- カラスの鳴き声「カァ」と言う要領で、思い切り下げる。

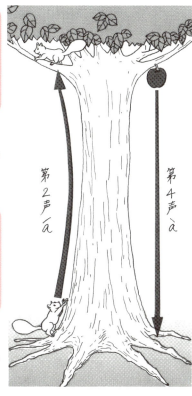

第2声は、始めが高いと上げられないので、低くから始めるのがコツ！
大げさに感じるくらい、低いところから思い切り上げましょう。

第4声は、高い所から物を落とすイメージで！
始めが低いと下げられないので、高くから始めましょう。

第2声と第4声のどちらも、スタートが大切です！

 発音練習　　◎ B-45

第1声、第3声と同じ要領で、CDの音声に続いて、音の高低の動きを意識しながら発音しましょう。テキストを見たり閉じたりしながら、繰り返し練習しましょう。

á - á - á　　　　à - à - à

声調の章

3 四声の練習… "a" で集中練習

覚えているかな？

① 第1声は… 「ドレミファソ」の「ソ」の高さをキープ！
② 第2声は… びっくりしたときの「ええっ」！
③ 第3声は… 低〜い低〜い「ド〜」！
④ 第4声は… カラスが「カァ」！

発音練習　　　◎ B-46

CDの音声に続いて発音しましょう。四声を織り交ぜながら、1つずつ読みます。前に聞こえた声調と同じ声調で、CDの後について発音してください。

ā - ǎ - ǎ - ā - á - à - à - á - ǎ - ā - à - á -
à - ā - ǎ - á - ǎ - á - ā - à - ā - á - ǎ - à

聞き取り練習

各問題の①〜④について、それぞれ（a）と（b）の2つの音声があります。各問題で指定されている声調通りに読んだのは（a）か（b）のどちらか、選んでください。それぞれ2回ずつ読みます。答えは右ページにあるので、隠して答えてください。

1. 第1声はどちらでしょうか。　　　　　　　　　　　　　　◎ B-47
　① a／b　　② a／b　　③ a／b　　④ a／b

2. 第2声はどちらでしょうか。　　　　　　　　　　　　　　◎ B-48
　① a／b　　② a／b　　③ a／b　　④ a／b

3. 第3声はどちらでしょうか。　　　　　　　　　　　　　　◎ B-49
　① a／b　　② a／b　　③ a／b　　④ a／b

4. 第4声はどちらでしょうか。　　　　　　　　　　　　　　◎ B-50
　① a／b　　② a／b　　③ a／b　　④ a／b

声調記号の付け方

単語で発音練習をする前に、声調記号「ー」「✓」「∨」「＼」の付け方を覚えましょう。大原則は「**基本母音（a、o、e、i、u、ü）の上に付ける**」。子音や鼻母音（n／ng）の上には付きません。具体的には次のようなルールがあります。

❶ 基本母音が 1 つだけの場合、迷わずその上に。

　　例　ā　bó　yú　gě　qù　zhōng　péng　yún　hěn　ràng

"i" に声調記号が付く場合、「・」が消えます。

　　例　yī　xí　nǐ　mǐ　rì　yīn　qǐng

❷ 基本母音が複数含まれる場合

① まず "a" の上に。
　　例　lào　pái　huái　guān　xiǎng　chuáng

② "a" がなければ "o" か "e" に。"o" と "e" が同時に現れることはありません。
　　例　yǒu　zuò　měi　jiē　jiǒng　lüè

③ "ui" "iu" の場合（"a" "o" "e" がない場合）、後ろに付けます。
　　例　niū　liù　huí　guǐ

 声調記号練習（音声はありません）

次のつづりの中で、どのアルファベットに声調記号を付けるでしょうか。そのアルファベットを選んでください。答えは下にあります。

① ao　　② yi　　③ jiang　　④ huo　　⑤ qiu　　⑥ gun
⑦ shua　⑧ nüe　⑨ liao　　⑩ miu　　⑪ rui　　⑫ chuang

【聞き取り答え】
1. ① a：á／b：ā　② a：ā／b：à　③ a：ǎ／b：ā　④ a：ā／b：á
2. ① a：á／b：ǎ　② a：á／b：ā　③ a：à／b：á　④ a：ǎ／b：á
3. ① a：à／b：ǎ　② a：ā／b：ǎ　③ a：ǎ／b：á　④ a：á／b：ǎ
4. ① a：à／b：ā　② a：à／b：á　③ a：ǎ／b：à　④ a：à／b：ā
【声調記号答え】
①a　②i　③a　④o　⑤u　⑥u　⑦a　⑧e　⑨a　⑩u　⑪i　⑫a

1音節単語の発音練習

1音節の単語を、実際に読んでみましょう。ここまで個別に練習してきた母音、子音、声調の発音ポイントを振り返りながら読んでください。

 発音練習　　　　　　　　　　　　　◎ B-51（中国語のみ）

CDの音声に続いて読みましょう。左から右へ1行ずつ、1語につき1回ずつ読みます。CD音声の後の空白部分で発音してください（メトロノーム音はありません）。テキストを見たり閉じたりしながら、繰り返し練習しましょう。

gē 哥 (兄)	hē 喝 (飲む)	chī 吃 (食べる)	yā 鸭 (アヒル)	wāi 歪 (まがっている)
zhāng 张 (〜枚)	dēng 灯 (明かり)	rēng 扔 (投げる、捨てる)	bīng 冰 (氷)	jiān 肩 (肩)
wú 无 (無い)	pó 婆 (おばあさん)	pí 皮 (皮)	fó 佛 (仏)	guó 国 (国)
qiú 球 (球、ボール)	xué 学 (学ぶ)	yún 云 (雲)	tóng 同 (同じである)	lián 连 (つながる、〜さえも)
chǐ 齿 (歯)	kě 渴 (ノドが渇いている)	zǐ 紫 (紫)	nǚ 女 (女)	wǒ 我 (私)
mǎi 买 (買う)	jiǔ 酒 (酒)	niǎo 鸟 (鳥)	yuǎn 远 (遠い)	xiǎng 想 (思う)
wù 雾 (霧)	tè 特 (特別な)	lǜ 绿 (緑)	pào 泡 (泡、ひたす)	suì 岁 (〜歳)
liù 六 (六)	shuài 帅 (かっこいい)	hàn 汗 (汗)	shàng 上 (上)	quàn 劝 (説得する)

2音節の発音練習…その前に！

音節の切れ目を見極めて、複数音節を正しく読もう！

中国語の単語には、2文字でできているものが圧倒的多数を占めています。ふつう、単語のピンインは1文字（音節）ごとに分割せず、つなげて表示します。正確に読み取るために、音節の切れ目を見極められるようになりましょう。

▎音節の切れ目を見極める方法

① **子音**を見つけます。大部分の音節は先頭に子音があります。

例　diàn|huà　　　qiān|bǐ　　　píng|guǒ
　　电话（電話）　铅笔（鉛筆）　苹果（リンゴ）

② "i" "u" "ü" から始まる音節は、必ず "y" または "w" が付いています。

例　ā|yí　　　shàng|wǔ　　　yī|yuàn
　　阿姨（家政婦）　上午（午前）　医院（病院）

③ "a" "o" "e" から始まる音節が後ろにある場合、前の音節との間に " ' "（アポストロフィー）が入ります。中国語のピンイン表記では「**隔音記号**」といいます。

例　kě'ài　　　mù'ǒu　　　nǚ'ér
　　可爱（かわいい）　木偶（木彫りの人形）　女儿（娘）

"n" と "g" は、子音を表すこともあれば、鼻母音 "n／ng" を表すこともあるので要注意です。

◎ "a" "o" "e" から始まる音節が後ろに付く場合、隔音記号が入ります。隔音記号がなければ、後ろは "a" "o" "e" から始まる音節ではありません。
　例　dàngāo＝dàn＋gāo 蛋糕（ケーキ）　隔音記号がない→ ×dàng＋āo

◎ "i" "u" "ü" から始まる音節が後ろに付く場合、つづり方のルールに従って、必ず "y" または "w" から始まります。
　例　cānguān＝cān＋guān 参观（見学する）　×cāng＋uān
　　　shāngǔ＝shān＋gǔ 山谷（谷間）　×shāng＋ǔ

◎ "ong" だけで読む漢字は存在しません。
　例　bàngōng＝bàn＋gōng 办公（執務する）　×bàng＋ōng

声調の章 5

2音節①
同じ声調が連続するもの

声調のコントロールがカギ！

2音節、さらにそれ以上の音節がつながることばを発音するときの最大のポイントとなるのは、声調のコントロールです。母音と子音の発音はだいたいできるのに、声調があやふやになって、話せているつもりなのに通じない！という事態が本当によく起きています。ここからの練習で、2音節の音程の高低感覚をしっかり身につけましょう。

2音節の練習方法

① 音の高さのイメージの確認

先頭に書いてある「ソー」「ええっ！」「ド〜」「カァ」ということばや音の高さのマークから、音の高さのイメージを確認します。

②音節の切れ目を見極める練習

発音練習をする単語のピンインを使って、音節の切れ目を見極める練習をしましょう。切れ目のところに「 / 」を入れてみてください。すぐ下の発音練習と同じ並び方になっています。

③発音練習

CD音声に続いて、まず、"a"で発音してみましょう。次にその下にある単語を読んでいきましょう。左から右へ、1行ずつ読んでいきます。メトロノーム音はありませんが、長さをしっかり保ちながら発音してください。

単語は1つのパターンごとに20語あります。前半8〜10語は、2語または4語ずつ、1字違いの単語を集めました。共通する字を持つ単語で声調と発音に慣れてください。後半の10〜12語はランダムにとりあげています。いろいろなことばと発音をマスターしましょう。

なお、本来1つの単語はピンインをつなげて表記しますが、ここでは音節の切れ目を正しく読み取るために、音節ごとに区切って表記しています。②の答え合わせをしながら、しっかり慣れましょう。

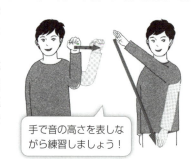

手で音の高さを表しながら練習しましょう！

声調の組み合わせのパターンごとに、2音節の単語で練習しましょう。まず、同じ声調が連続するパターンを練習します。

第1声 ＋ 第1声

下がらないよう高さをキープ！

音節見極め練習 …音節の切れ目に「/」を入れよう。

chūntiān	qiūtiān	dōngtiān	jīntiān
jiābān	jiāxīn	chūchāi	chūzū
cānjiā	cānguān	fēijī	yīshēng
xiāngjiāo	sījī	shūbāo	gēshēng
gōngsī	jiāotōng	jiāxiāng	chūfā

 発音練習　　　　　　　　　　　　　　　◎ B-52（中国語のみ）

まず"a"で練習… āā　āā　　次に単語を読んでみよう。

chūn tiān	qiū tiān	dōng tiān	jīn tiān
春天	秋天	冬天	今天
（春）	（秋）	（冬）	（今日）

jiā bān	jiā xīn	chū chāi	chū zū
加班	加薪	出差	出租
（残業する）	（給料が上がる）	（出張する）	（貸し出す）

cān jiā	cān guān	fēi jī	yī shēng
参加	参观	飞机	医生
（参加する）	（見学する）	（飛行機）	（医者）

xiāng jiāo	sī jī	shū bāo	gē shēng
香蕉	司机	书包	歌声
（バナナ）	（運転手）	（かばん）	（歌声）

gōng sī	jiāo tōng	jiā xiāng	chū fā
公司	交通	家乡	出发
（会社）	（交通）	（郷里）	（出発する）

ええっ！ ええっ！
第2声 ＋ 第2声

出だしはしっかり低いところから。
2つめの出だしが高くならないように！

音節見極め練習 …音節の切れ目に「/」を入れよう。

lánqiú	páiqiú	zúqiú	táiqiú
hépíng	héxié	jíhé	liánhé
chángtú	yáncháng	chúfáng	yóulái
yóujú	liúxué	yínháng	shítáng
chángchéng	xuéxí	xiétiáo	yóutiáo

発音練習

◎B-53

まず"a"で練習… áá áá   次に単語を読んでみよう。

lán qiú 篮 球 (バスケットボール)	pái qiú 排 球 (バレーボール)	zú qiú 足 球 (サッカー)	tái qiú 台 球 (ビリヤード)
hé píng 和 平 (平和)	hé xié 和 谐 (調和する)	jí hé 集 合 (集合する)	lián hé 联 合 (連合する)
cháng tú 长 途 (長距離の)	yán cháng 延 长 (延長する)	chú fáng 厨 房 (キッチン)	yóu lái 由 来 (由来)
yóu jú 邮 局 (郵便局)	liú xué 留 学 (留学する)	yín háng 银 行 (銀行)	shí táng 食 堂 (食堂)
Cháng chéng 长 城 (万里の長城)	xué xí 学 习 (勉強する)	xié tiáo 协 调 (調整する)	yóu tiáo 油 条 (揚げパン)

※固有名詞のピンインは、頭を大文字にします。

第4声 ＋ 第4声 （カァ　カァ）

出だしは高いところから。
2つめの出だしが低くならないように！

音節見極め練習 …音節の切れ目に「/」を入れよう。

shàngkè	xiàkè	jiàoshì	jiàoyù
zuòyè	dòngzuò	yuànwàng	yuànyì
zhàoxiàng	zhàopiàn	shuìjiào	dòngwù
xiànzài	shìjiè	mùdì	huìyì
yùbào	sùshè	bìyè	zhìliàng

 発音練習　　　　◎ B-54

まず"a"で練習… àà àà　　次に単語を読んでみよう。

shàng kè 上课 (授業に出る)	xià kè 下课 (授業が終わる)	jiào shì 教室 (教室)	jiào yù 教育 (教育)
zuò yè 作业 (宿題)	dòng zuò 动作 (動作)	yuàn wàng 愿望 (願望)	yuàn yì 愿意 (願う)
zhào xiàng 照相 (写真をとる)	zhào piàn 照片 (写真)	shuì jiào 睡觉 (眠る)	dòng wù 动物 (動物)
xiàn zài 现在 (今)	shì jiè 世界 (世界)	mù dì 目的 (目的)	huì yì 会议 (会議)
yù bào 预报 (予報)	sù shè 宿舍 (寮)	bì yè 毕业 (卒業する)	zhì liàng 质量 (品質)

2音節② 第3声が連続するとき

第3声＋第3声→第2声＋第3声…声調変化

　低〜い第3声を続けて発音すると、低すぎて聞き取りづらいものです。このため、中国語では第3声を連続して発音することはありません。はっきりと伝えるために、音の高さが変わります。声調記号は第3声のまま表記されるので、読むときに自動変換しましょう。

第3声の声調変化

◎基本の第3声…限界まで低〜い「ド」の音
　→ 聞き取りやすくするために、**1つめが第2声に変わる**

| 音節見極め練習 | …音節の切れ目に「/」を入れよう。 |

xǐzǎo	xǐshǒu	xǐjiǎo	xǐnǎo
shǒubiǎo	biǎoyǎn	yǔsǎn	dǎsǎn
dǎsǎo	dǎdiǎn	shuǐguǒ	kǒukě
lǚguǎn	guǎnlǐ	yǒngyuǎn	xiǎngfǎ
zhǐdǎo	liǎojiě	xiǎogǒu	lǎoshǔ

発音練習　　　B-55

まず"a"で練習… ǎă　ăǎ　次に単語を読んでみよう。

xǐ zǎo 洗澡（入浴する）	xǐ shǒu 洗手（手を洗う）	xǐ jiǎo 洗脚（足を洗う）	xǐ nǎo 洗脑（洗脳する）
shǒu biǎo 手表（腕時計）	biǎo yǎn 表演（演じる）	yǔ sǎn 雨伞（雨傘）	dǎ sǎn 打伞（傘をさす）
dǎ sǎo 打扫（掃除をする）	dǎ diǎn 打点（用意する）	shuǐ guǒ 水果（フルーツ）	kǒu kě 口渴（ノドが渇く）
lǚ guǎn 旅馆（旅館）	guǎn lǐ 管理（管理する）	yǒng yuǎn 永远（永遠）	xiǎng fǎ 想法（考え方）
zhǐ dǎo 指导（指導する）	liǎo jiě 了解（了解する）	xiǎo gǒu 小狗（子犬）	lǎo shǔ 老鼠（ネズミ）

 聞き取り練習

次の1〜4について、それぞれ①〜④の4つの単語を読みます。その中で、各問題で指定された声調の組み合わせのものはどれか、選んでください。①〜④の選択肢はそれぞれ2回繰り返します。答えは115ページにあります。

1．第1声＋第1声のものはどれでしょうか。　①　②　③　④
　　B-56

2．第2声＋第2声のものはどれでしょうか。　①　②　③　④
　　B-57

3．第4声＋第4声のものはどれでしょうか。　①　②　③　④
　　B-58

4．第3声＋第3声のものはどれでしょうか。　①　②　③　④
　　B-59

声調の章

7　2音節③ 第１声との組み合わせ

ソー　　　**ええっ！**
第１声 ＋ 第２声

後ろの第２声の出だしは低いところから。
前の第１声に影響されないで！

音節見極め練習

zhōngguó	zhōngtú	jiāyóu	jiāqiáng
gāngqín	gāngcái	xīnwén	xīnnián
yīngwén	yīngxióng	gāoxióng	chōngshéng
shāngtán	gōngrén	huānyíng	yāoqiú
jiānglái	chūmén	xīfú	hēchá

 発音練習　　　　　　　　　　　　　　　◎ B-60

まず"a"で練習… āá　āá　次に単語を読んでみよう。

Zhōng guó 中国 (中国)	zhōng tú 中途 (途中)	jiā yóu 加油 (がんばる)	jiā qiáng 加強 (強める)
gāng qín 钢琴 (ピアノ)	gāng cái 钢材 (鋼材)	xīn wén 新闻 (ニュース)	xīn nián 新年 (新年)
Yīng wén 英文 (英語)	yīng xióng 英雄 (英雄)	Gāo xióng 高雄 (高雄)	Chōng shéng 冲绳 (沖縄)
shāng tán 商谈 (打合せをする)	gōng rén 工人 (従業員)	huān yíng 欢迎 (歓迎する)	yāo qiú 要求 (要求)
jiāng lái 将来 (将来)	chū mén 出门 (出掛ける)	xī fú 西服 (スーツ)	hē chá 喝茶 (お茶を飲む)

ここから、1音節目と2音節目で異なる声調を組み合わせるパターンを練習します。まず、1音節目が第1声の3パターンです。

第1声 ＋ 第3声

思い切り高く＆思い切り低く。
高低差をしっかりと！

音節見極め練習

chūbǎn	chūfǎng	kēzhǎng	jiāzhǎng
hējiǔ	hēshuǐ	chīkǔ	jiānkǔ
fēngshuǐ	fēngjǐng	gēqǔ	fāngfǎ
xiānggǎng	shāngpǐn	zhōngwǔ	gāngbǐ
xiūlǐ	hēibǎn	fāzhǎn	zhōngbiǎo

 発音練習 ◎ B-61

まず"a"で練習… āǎ āǎ   次に単語を読んでみよう。

chū bǎn 出版 (出版する)	chū fǎng 出访 (外国を訪問する)	kē zhǎng 科长 (課長)	jiā zhǎng 家长 (保護者)
hē jiǔ 喝酒 (酒を飲む)	hē shuǐ 喝水 (水を飲む)	chī kǔ 吃苦 (苦労する)	jiān kǔ 艰苦 (苦難に満ちた)
fēng shuǐ 风水 (風水)	fēng jǐng 风景 (風景)	gē qǔ 歌曲 (歌曲)	fāng fǎ 方法 (方法)
Xiāng gǎng 香港 (香港)	shāng pǐn 商品 (商品)	zhōng wǔ 中午 (正午)	gāng bǐ 钢笔 (ペン)
xiū lǐ 修理 (修理する)	hēi bǎn 黑板 (黒板)	fā zhǎn 发展 (発展する)	zhōng biǎo 钟表 (時計)

113

第1声 ＋ 第4声

後ろの第4声は、前の第1声よりも
高いところから始めて一気に落とす！

音節見極め練習

yīyuàn	yīshù	chīfàn	chīyào
bāngzhù	xiāngzhù	gāoxìng	gāodì
shāngdiàn	shāngyè	xiāngxìn	yīnyuè
gōngzuò	shōurù	xūyào	yīwù
zhāodài	chēzhàn	xīwàng	shuōhuà

 発音練習　　　B-62

まず"a"で練習… āà　āà　次に単語を読んでみよう。

yī yuàn 医院（病院）	yī shù 医术（医術）	chī fàn 吃饭（食事をする）	chī yào 吃药（薬を飲む）
bāng zhù 帮助（手伝う）	xiāng zhù 相助（助け合う）	gāo xìng 高兴（うれしい）	gāo dì 高地（高地）
shāng diàn 商店（商店）	shāng yè 商业（商業）	xiāng xìn 相信（信じる）	yīn yuè 音乐（音楽）
gōng zuò 工作（働く）	shōu rù 收入（収入）	xū yào 需要（必要である）	yī wù 衣物（服と日常品）
zhāo dài 招待（もてなす）	chē zhàn 车站（駅）	xī wàng 希望（希望）	shuō huà 说话（話をする）

聞き取り練習

次の1〜3について、それぞれ①〜④の4つの単語を読みます。その中で、各問題で指定された声調の組み合わせのものはどれか、2つ選んでください。①〜④の選択肢はそれぞれ2回繰り返します。答えは下にあるので、隠して答えてください。

1. 第1声＋第2声のものを2つ選んでください。　　　　　　　　　◎ B-63
   ①　　　　　②　　　　　③　　　　　④

2. 第1声＋第3声のものを2つ選んでください。　　　　　　　　　◎ B-64
   ①　　　　　②　　　　　③　　　　　④

3. 第1声＋第4声のものを2つ選んでください。　　　　　　　　　◎ B-65
   ①　　　　　②　　　　　③　　　　　④

Disc Bはここまでです。次項からDisc Cになります。

※黒く塗りつぶしてある番号が正解です。ピンインは音節ごとに分割しています。

【111ページ聞き取り練習答え】
1　① dì yù 地獄（地獄）　　　　　　　　❷ chē jiān 车间（作業場）
　　③ xiǎo chǒu 小丑（おっちょこちょい）　④ zú qiú 足球（サッカー）
2　① yǒng gǎn 勇敢（勇敢である）　　　　② jī guāng 激光（レーザー）
　　❸ xué tú 学徒（徒弟）　　　　　　　　④ jià xiào 驾校（自動車学校）
3　① qián tú 前途（前途、将来）　　　　　❷ lǜ sè 绿色（緑色、安全な、エコな）
　　③ chūn tiān 春天（春）　　　　　　　　④ jiǔ shuǐ 酒水（飲み物、ドリンク）
4　① xié tiáo 协调（調整する）　　　　　　② hù zhào 护照（パスポート）
　　❸ xiǎo pǐn 小品（小品文（随筆、評論等））　④ jiā xiāng 家乡（故郷）

【このページの聞き取り練習答え】
1　❶ kē xué 科学（科学）　　　　　　　　② jiā shuǐ 加水（水を加える）
　　❸ jiā yóu 加油（がんばる）　　　　　　④ shōu qǔ 收取（受け取る）
2　❶ cāo chǎng 操场（グラウンド）　　　　❷ yāo qǐng 邀请（招待する）
　　③ shēng huó 生活（生活する）　　　　　④ Chōng shéng 冲绳（沖縄）
3　❶ shāng diàn 商店（商店）　　　　　　② shāng tán 商谈（打ち合わせする）
　　❸ xiāo fèi 消费（消費する）　　　　　　④ xī fú 西服（スーツ）

声調の章

8 2音節④ 第2声との組み合わせ

第2声 ＋ 第1声

第2声の出だしは低いところから。
第1声は第2声の上がった高さよりさらに高く。

音節見極め練習

míngtiān	zuótiān	qiántiān	liáotiān
lántiān	qīngtiān	hángzhōu	lánzhōu
shíjiān	shíkōng	dúshū	chángjiāng
chénggōng	nóngcūn	guójiā	yángguāng
yuányīn	huábīng	chábēi	yánjiū

 発音練習　　　◎ C-01

まず"a"で練習… áā　áā　　次に単語を読んでみよう。

míng tiān 明天 (明日)	zuó tiān 昨天 (昨日)	qián tiān 前天 (一昨日)	liáo tiān 聊天 (おしゃべりする)
lán tiān 蓝天 (青空)	qíng tiān 晴天 (晴天)	Háng zhōu 杭州 (杭州)	Lán zhōu 兰州 (蘭州)
shí jiān 时间 (時間)	shí kōng 时空 (時空)	dú shū 读书 (読書する)	Cháng jiāng 长江 (長江)
chéng gōng 成功 (成功する)	nóng cūn 农村 (農村)	guó jiā 国家 (国家)	yáng guāng 阳光 (陽光)
yuán yīn 原因 (原因)	huá bīng 滑冰 (スケート)	chá bēi 茶杯 (湯呑み茶碗)	yán jiū 研究 (検討する)

1音節目が第2声の3パターンです。第2声と第3声の組み合わせが特にあやふやになりがちなので、しっかり練習してください。

第2声 ＋ 第3声

第2声をしっかり上げて、
第3声は意識してず〜んと低く。

> 高低差が小さいと、どちらも第2声に聞こえてしまいます！

音節見極め練習

cídiǎn	cíyǔ	yóuyǒng	yóulǎn
huáxuě	huáshuǐ	máobǐ	máotǎn
héběi	hékǒu	nánběi	méiyǔ
niúnǎi	shípǐn	nánnǚ	báijiǔ
xuéyǒu	chángduǎn	chuántǒng	yíchǎn

 発音練習 ◎ C-02

まず"a"で練習… áǎ áǎ   次に単語を読んでみよう。

cí diǎn 词典（辞書）	cí yǔ 词语（語彙）	yóu yǒng 游泳（水泳をする）	yóu lǎn 游览（遊覧する）
huá xuě 滑雪（スキー）	huá shuǐ 滑水（水上スキー）	máo bǐ 毛笔（毛筆）	máo tǎn 毛毯（毛布）
Hé běi 河北（河北省）	hé kǒu 河口（河口）	nán běi 南北（南北）	méi yǔ 梅雨（梅雨）
niú nǎi 牛奶（牛乳）	shí pǐn 食品（食品）	nán nǚ 男女（男女）	bái jiǔ 白酒（白酒）
xué yǒu 学友（学友）	cháng duǎn 长短（長短）	chuán tǒng 传统（伝統）	yí chǎn 遗产（遺産）

第2声 ＋ 第4声

第2声でしっかり上げて、
その高さから急降下！

音節見極め練習

yánsè	hóngsè	báisè	lánsè
yínsè	huángsè	záshì	zázhì
nánguò	nándù	pídài	pídàn
qíngkuàng	niúròu	wénhuà	xuéxiào
yúkuài	fúwù	láodòng	máodòu

 発音練習　　　　　　　　　　　　　　　　　　　◎ C-03

まず"a"で練習… áà　áà　　次に単語を読んでみよう。

yán sè 颜色 (色)	hóng sè 红色 (赤色)	bái sè 白色 (白)	lán sè 蓝色 (青)
yín sè 银色 (銀色)	huáng sè 黄色 (黄色)	zá shì 杂事 (雑事)	zá zhì 杂志 (雑誌)
nán guò 难过 (つらい)	nán dù 难度 (難易度)	pí dài 皮带 (革ベルト)	pí dàn 皮蛋 (ピータン)
qíng kuàng 情况 (状況)	niú ròu 牛肉 (牛肉)	wén huà 文化 (文化)	xué xiào 学校 (学校)
yú kuài 愉快 (楽しい)	fú wù 服务 (サービス)	láo dòng 劳动 (労働)	máo dòu 毛豆 (えだまめ)

 **聞き取り練習**

次の1～3について、それぞれ①～④の4つの単語を読みます。その中で、各問題で指定された声調の組み合わせのものはどれか、2つ選んでください。答えは下にあります。

1. 第2声+第1声のものを2つ選んでください。　　　　　　　　　　　◎ C-04

　　① 　　　　　　② 　　　　　　③ 　　　　　　④

2. 第2声+第3声のものを2つ選んでください。　　　　　　　　　　　◎ C-05

　　① 　　　　　　② 　　　　　　③ 　　　　　　④

3. 第2声+第4声のものを2つ選んでください。　　　　　　　　　　　◎ C-06

　　① 　　　　　　② 　　　　　　③ 　　　　　　④

【聞き取り練習答え】
1 ① jiā jù 家具（家具）
　❸ yá gāo 牙膏（歯磨き粉）
　❷ lín jū 邻居（隣人）
　④ qiū jì 秋季（秋季）
2 ① gé mìng 革命（革命）
　❸ yǒng jiǔ 永久（永久に）
　② máo kù 毛裤（毛糸のズボン）
　❹ fén bǐ 粉笔（チョーク）
3 ① chuán tǒng 传统（伝統）
　③ hé shuǐ 河水（河川の水）
　❷ qún zhòng 群众（群衆）
　❹ Chóng qìng 重庆（重慶）

9 2音節⑤ 第4声との組み合わせ

カァ **ソー**
第4声 ＋ 第1声

第4声でしっかり下げ、
高いところにきちんと戻って第1声。

音節見極め練習

shàngbān	xiàbān	shàngchē	xiàchē
zuòchē	diànchē	fànzhuō	kèzhuō
jiàoshī	lùshī	gùxiāng	xiàoshēng
làjiāo	jiànkāng	dàjiā	chànggē
zuòjiā	lùyīn	hòutiān	rènzhēn

 発音練習 ◎ C-07

まず"a"で練習… àā àā　　次に単語を読んでみよう。

shàng bān 上班 (出勤する)	xià bān 下班 (退勤する)	shàng chē 上车 (乗車する)	xià chē 下车 (下車する)
zuò chē 坐车 (車に乗る)	diàn chē 电车 (電車)	fàn zhuō 饭桌 (食卓)	kè zhuō 课桌 (勉強机)
jiào shī 教师 (教師)	lǜ shī 律师 (弁護士)	gù xiāng 故乡 (故郷)	xiào shēng 笑声 (笑い声)
là jiāo 辣椒 (トウガラシ)	jiàn kāng 健康 (健康である)	dà jiā 大家 (みんな)	chàng gē 唱歌 (歌を歌う)
zuò jiā 作家 (作家)	lù yīn 录音 (録音する)	hòu tiān 后天 (明後日)	rèn zhēn 认真 (真剣である)

1音節目が第4声の3パターンです。1つめの第4声の頭が低くなってしまうと後ろが発音しにくくなるので、最初が重要です。

(カァ)　　(ええっ!)
第4声 ＋ 第2声

下がって、上がる。
音の高低の反転をしっかり意識しよう！

音節見極め練習

shùxué	jiàoxué	zìxué	shàngxué
wèntí	kètí	kèwén	zuòwén
dìtú	dìqiú	shàonián	qùnián
yuèdú	liànxí	zhìliáo	wèilái
wàiguó	yuènán	jiàngyóu	xiàngyá

 発音練習　　　C-08

まず"a"で練習… àá àá　　次に単語を読んでみよう。

shù xué	jiào xué	zì xué	shàng xué
数学	教学	自学	上学
(数学)	(教学)	(自習する)	(学校へ行く)

wèn tí	kè tí	kè wén	zuò wén
问题	课题	课文	作文
(問題)	(課題)	(テキストの本文)	(作文する)

dì tú	dì qiú	shào nián	qù nián
地图	地球	少年	去年
(地図)	(地球)	(少年)	(去年)

yuè dú	liàn xí	zhì liáo	wèi lái
阅读	练习	治疗	未来
(閲読する)	(練習する)	(治療する)	(未来)

wài guó	Yuè nán	jiàng yóu	xiàng yá
外国	越南	酱油	象牙
(外国)	(ベトナム)	(醤油)	(象牙)

第4声 ＋ 第3声

山の頂上から滑り落ちて、
海の底へ沈むようなイメージ！

音節見極め練習

diànnǎo	diànzǐ	kèběn	rìběn
shànghǎi	shàngwǔ	xiàwǔ	xiàyǔ
dàhǎi	dàxué	hànyǔ	rìyǔ
lìshǐ	cèsuǒ	zìjǐ	zhèngfǔ
tiàowǔ	guòjiǎng	bàozhǐ	zuòpǐn

 発音練習 ◎ C-09

まず "a" で練習… àǎ àǎ   次に単語を読んでみよう。

diàn nǎo 电脑 (パソコン)	diàn zǐ 电子 (電子)	kè běn 课本 (テキスト)	Rì běn 日本 (日本)
Shàng hǎi 上海 (上海)	shàng wǔ 上午 (午前)	xià wǔ 下午 (午後)	xià yǔ 下雨 (雨が降る)
dà hǎi 大海 (海)	dà xuě 大雪 (大雪)	Hàn yǔ 汉语 (中国語)	Rì yǔ 日语 (日本語)
lì shǐ 历史 (歴史)	cè suǒ 厕所 (便所)	zì jǐ 自己 (自分)	zhèng fǔ 政府 (政府)
tiào wǔ 跳舞 (ダンスをする)	guò jiǎng 过奖 (ほめすぎる)	bào zhǐ 报纸 (新聞)	zuò pǐn 作品 (作品)

 **聞き取り練習**

次の1〜3について、それぞれ①〜④の4つの単語を読みます。その中で、各問題で指定された声調の組み合わせのものはどれか、2つ選んでください。答えは下にあります。

1. 第4声＋第1声のものを2つ選んでください。　　　　　　　　　　　　　◎ C-10

　　① 　　　　　　② 　　　　　　③ 　　　　　　④

2. 第4声＋第2声のものを2つ選んでください。　　　　　　　　　　　　　◎ C-11

　　① 　　　　　　② 　　　　　　③ 　　　　　　④

3. 第4声＋第3声のものを2つ選んでください。　　　　　　　　　　　　　◎ C-12

　　① 　　　　　　② 　　　　　　③ 　　　　　　④

【聞き取り練習答え】
1 ① yù bào 预报（予報）　　　　　　❷ zuò chē 坐车（車に乗る）
　 ❸ lǜ shī 律师（弁護士）　　　　　　④ zuò yè 作业（宿題）
2 ❶ rì chéng 日程（日程）　　　　　　❷ liàn xí 练习（練習する）
　 ③ bào zhǐ 报纸（新聞）　　　　　　④ tiào wǔ 跳舞（踊る）
3 ❶ diàn nǎo 电脑（パソコン）　　　　❷ xià yǔ 下雨（雨が降る）
　 ③ nèi róng 内容（内容）　　　　　　④ shàng xué 上学（学校へ行く）

10 2音節⑥ 第3声との組み合わせ

第3声 ＋ 第1声

後ろの第1声が、前の第3声に
引きずられて低くならないように！

最大の高低差！

音節見極め練習

guǎngzhōu	guǎngdōng	hǎochī	hǎotīng
jiǔjīng	jiǔbēi	guǎngbō	yǎnbō
chǎngjiā	lǎojiā	lǎoshī	dǎchē
dǎgōng	běijīng	jiǎndān	xiǎoshuō
lǐkē	yǎngjiā	yǔyī	tǐcāo

 発音練習　　　　　　　　　　　　　　　◎ C-13

まず "a" で練習… ǎā　ǎā　　次に単語を読んでみよう。

Guǎng zhōu 广州 (広州)	Guǎng dōng 广东 (広東省)	hǎo chī 好吃 (おいしい)	hǎo tīng 好听 (聞き心地が良い)
jiǔ jīng 酒精 (アルコール)	jiǔ bēi 酒杯 (さかずき)	guǎng bō 广播 (放送)	yǎn bō 演播 (出演し放送する)
chǎng jiā 厂家 (メーカー)	lǎo jiā 老家 (故郷)	lǎo shī 老师 (先生)	dǎ chē 打车 (タクシーを拾う)
dǎ gōng 打工 (アルバイトをする)	Běi jīng 北京 (北京)	jiǎn dān 简单 (簡単である)	xiǎo shuō 小说 (小説)
lǐ kē 理科 (理科)	yǎng jiā 养家 (家族を養う)	yǔ yī 雨衣 (レインコート)	tǐ cāo 体操 (体操)

1音節目が第3声の3パターンです。ここでも第3声と第2声の組み合わせには特に注意が必要。しっかり練習してください。

第3声 ＋ 第2声（ド～／ええっ！）

第3声はより意識して低く沈み込むように！

第3声を低くしきれないと、第2声で上げられなくなります！

音節見極め練習

cǎoméi	cǎoxié	cǎoyuán	cǎopíng
gǎnjué	gǎnrén	lǚyóu	lǚxíng
měixué	měiguó	yǒuqián	yǒurén
yǎnyuán	yǔyán	xiǎoxué	qǐchuáng
mǎifáng	wǎnglái	yǐqián	yǒuqíng

 発音練習 ◎ C-14

まず"a"で練習… ǎá ǎá 次に単語を読んでみよう。

cǎo méi 草莓 (イチゴ)	cǎo xié 草鞋 (わらじ)	cǎo yuán 草原 (草原)	cǎo píng 草坪 (芝生)
gǎn jué 感觉 (感覚)	gǎn rén 感人 (感動的である)	lǚ yóu 旅游 (旅行)	lǚ xíng 旅行 (旅行する)
měi xué 美学 (美学)	Měi guó 美国 (アメリカ)	yǒu qián 有钱 (金持ちである)	yǒu rén 有人 (ある人)
yǎn yuán 演员 (俳優)	yǔ yán 语言 (言語)	xiǎo xué 小学 (小学校)	qǐ chuáng 起床 (起床する)
mǎi fáng 买房 (家を買う)	wǎng lái 往来 (行き来する)	yǐ qián 以前 (以前)	yǒu qíng 友情 (友情)

第3声 ＋ 第4声

ド〜　カァ

第3声の低さと、第4声の出だしの高さの高低差を大きくとろう！

音節見極め練習

gǎnxiè	gǎnshòu	yǎnlèi	yǎnjìng
kǎolǜ	kǎoshì	kěài	kěhèn
chǎocài	chǎofàn	xiěxìn	xiězì
bǐjì	fǎngwèn	kǒuwèi	tǐyù
jiǎngkè	bǐsài	yǐhòu	shǐyòng

発音練習　　◎C-15

まず"a"で練習… ǎà　ǎà　　次に単語を読んでみよう。

gǎn xiè 感谢 （感謝）	gǎn shòu 感受 （感じる）	yǎn lèi 眼泪 （涙）	yǎn jìng 眼镜 （メガネ）
kǎo lǜ 考虑 （考える）	kǎo shì 考试 （テスト）	kě'ài 可爱 （かわいい）	kě hèn 可恨 （憎い）
chǎo cài 炒菜 （野菜を炒める）	chǎo fàn 炒饭 （チャーハン）	xiě xìn 写信 （手紙を書く）	xiě zì 写字 （字を書く）
bǐ jì 笔记 （メモをとる）	fǎng wèn 访问 （訪問する）	kǒu wèi 口味 （味、好み）	tǐ yù 体育 （スポーツ）
jiǎng kè 讲课 （講義をする）	bǐ sài 比赛 （試合）	yǐ hòu 以后 （以後）	shǐ yòng 使用 （使う）

 **聞き取り練習**

次の1～3について、それぞれ①～④の4つの単語を読みます。その中で、各問題で指定された声調の組み合わせのものはどれか、2つ選んでください。答えは下にあります。

1．第3声＋第1声のものを2つ選んでください。　　　　　　　　　　　◎ C-16

　　①　　　　　　②　　　　　　③　　　　　　④

2．第3声＋第2声のものを2つ選んでください。　　　　　　　　　　　◎ C-17

　　①　　　　　　②　　　　　　③　　　　　　④

3．第3声＋第4声のものを2つ選んでください。　　　　　　　　　　　◎ C-18

　　①　　　　　　②　　　　　　③　　　　　　④

【聞き取り練習答え】
1 ① jǐng chá 警察（警察）　　　　　② kě lián 可怜（かわいそうである）
　❸ lǐ gōng 理工（理工）　　　　　　❹ huǒ chē 火车（汽車）
2 ❶ yǎn yuán 演员（俳優）　　　　　❷ cǎo yuán 草原（草原）
　③ yǔ yī 雨衣（レインコート）　　　④ lǎo shī 老师（先生）
3 ❶ zǒu lù 走路（道を歩く）　　　　②　dǎ chē 打车（タクシーを拾う）
　③ jiǎn dān 简单（簡単である）　　 ❹ shǒu xù 手续（手続き）

2音節⑦
軽声

◎ C-19

　例えば、"孩子 háizi"（子ども）の"子"は、本来「zǐ」ですが、この場合、軽く短く発音して、第3声かどうかはっきりさせません。このように、四声から派生したもので、本来の声調が持つ音の高低や上げ下げをはっきりさせない音を「軽声」といいます。
　中国語では、漢字1字の音の長さはどの字も同じなのですが、軽声になるときだけ、短くなります。

軽声

- 2音節目以後にしか現れない。
- 声調記号は付かない。
- 直前にある音節より「**軽く、短く、低く**」。
  ただし、第3声に付くときだけ、**高く**。

◎基本は、前の音よりも**低く**

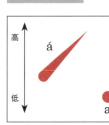

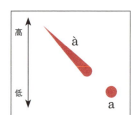

◎第3声の後ろに付くときだけ、**高く**

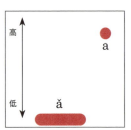

第3声がすでに限界まで低いので、それ以上は下げられません。
このため軽声は自然に高くなります。

第1声 ＋ 軽声

音節見極め練習

| māma | gēge | shūshu | gūgu |
| yāzi | gēzi | yīfu | chuānghu |

 発音練習　　　　　　　　　　　　　　　　◎ C-20

まず "a" で練習… āa　āa　　次に単語を読んでみよう。

mā ma	gē ge	shū shu	gū gu
妈 妈	哥 哥	叔 叔	姑 姑
（お母さん）	（お兄さん）	（おじさん）	（おばさん）

yā zi	gē zi	yī fu	chuāng hu
鸭 子	鸽 子	衣 服	窗 户
（アヒル）	（ハト）	（服）	（窓）

第2声 ＋ 軽声

音節見極め練習

| yéye | míngzi | háizi | xíngli |
| péngyou | késou | shénme | máfan |

 発音練習　　　　　　　　　　　　　　　　◎ C-21

まず "a" で練習… áa　áa　　次に単語を読んでみよう。

yé ye	míng zi	hái zi	xíng li
爷 爷	名 字	孩 子	行 李
（おじいさん）	（名前）	（子ども）	（荷物）

péng you	ké sou	shén me	má fan
朋 友	咳 嗽	什 么	麻 烦
（友達）	（せき）	（なに）	（面倒である）

第4声 ＋ 軽声

音節見極め練習

| bàba | dìdi | kùzi | shànzi |
| dòufu | dàifu | xièxie | kèqi |

発音練習　　◎ C-22

まず "a" で練習… àa àa 　次に単語を読んでみよう。

| bà ba
爸爸
(お父さん) | dì di
弟弟
(弟) | kù zi
裤子
(ズボン) | shàn zi
扇子
(扇) |
| dòu fu
豆腐
(豆腐) | dài fu
大夫
(医者) | xiè xie
谢谢
(ありがとう) | kè qi
客气
(遠慮する) |

前の音より高く！

第3声 ＋ 軽声

音節見極め練習

| jiějie | nuǎnhuo | xǐhuan | mǎhu |
| zǎoshang | wǎnshang | yǎnjing | diǎnxin |

発音練習　　◎ C-23

まず "a" で練習… ǎa ǎa 　次に単語を読んでみよう。

| jiě jie
姐姐
(お姉さん) | nuǎn huo
暖和
(暖かい) | xǐ huan
喜欢
(好きである) | mǎ hu
马虎
(いい加減である) |
| zǎo shang
早上
(朝) | wǎn shang
晚上
(夜) | yǎn jing
眼睛
(目) | diǎn xin
点心
(お菓子) |

 聞き取り練習

次の1〜4について、それぞれ①〜④の4つの単語を読みます。その中で、各問題で指定された声調の組み合わせのものはどれか、2つ選んでください。答えは下にあります。

1．第1声＋軽声のものを2つ選んでください。　　　　　　　　　◎ C-24
　①　　　　　　②　　　　　　③　　　　　　④

2．第2声＋軽声のものを2つ選んでください。　　　　　　　　　◎ C-25
　①　　　　　　②　　　　　　③　　　　　　④

3．第4声＋軽声のものを2つ選んでください。　　　　　　　　　◎ C-26
　①　　　　　　②　　　　　　③　　　　　　④

4．第3声＋軽声のものを2つ選んでください。　　　　　　　　　◎ C-27
　①　　　　　　②　　　　　　③　　　　　　④

軽声になるかどうかに決まったルールはありませんが、
・"孩子háizi"の"子"のような、2音節目の"子"
・"妈妈māma"のように、同じ字が連続するときの後ろの字
が軽声となることが多いです。
　とはいえ、話し手の気分や個人差、地域差も大きく、「どちらでもよい」とされている語もたくさんあります。ですので、神経質になりすぎなくても大丈夫ですよ！
　ちなみに、軽声以外の音が一定の長さを持っているのは、四声の音程をしっかり明確に表すためです。短くなってしまうと、音の高低を表現できないのです。

【聞き取り練習答え】
1 ❶ xiū xi 休息（休む）　　　　② tóu fa 头发（髪）
　 ❸ shū fu 舒服（心地よい）　　④ hé tao 核桃（クルミ）
2 ① gōng fu 功夫（時間）　　　　❷ xiāo xi 消息（情報）
　 ❸ hú tu 糊涂（はっきりしない）❹ liáng shi 粮食（食糧）
3 ① sǎng zi 嗓子（ノド）　　　　❷ dù zi 肚子（お腹）
　 ❸ wà zi 袜子（靴下）　　　　　④ jiǎng jiu 讲究（こだわる）
4 ① yào shi 钥匙（カギ）　　　　❷ piào liang 漂亮（美しい）
　 ❸ nǎo zi 脑子（脳、頭）　　　 ❹ jiǎo zi 饺子（ギョウザ）

2音節⑧
"一" と "不" の声調変化

1 "一" の声調変化　　　　　　　　　　　　　　　　◎ C-28

"一"の声調は、本来は第1声 "yī" です。

① 後ろが第1声、第2声、第3声の場合 →　**第4声に変化**

"一"＋第1声	"一"＋第2声	"一"＋第3声

一千　yì qiān（1000）	一直　yìzhí（ずっと）	一起　yìqǐ（一緒に）

② 後ろが第4声の場合 →　**第2声に変化**

"一"＋第4声
一次　yí cì（1回）

③ 順番を表す序数の場合 →　**変化しない**（本来の第1声のまま）

　　例　一号　yī hào（1番、1号、1日）
　　　　一月　yī yuè（1月）
　　　　第一次　dì yī cì（第1回、1回目）≠ 一次　yí cì（1回）

 発音練習　　　　　　　　　　　　　　　　◎ C-29

"一"の付くことばを読んでみよう。

yì bēi 一杯 （1杯）	yì wǎn 一碗 （1碗）	yì běn 一本 （1冊）	yì nián 一年 （1年）
yí cì 一次 （1回）	yí kè 一刻 （15分）	yī yuè 一月 （1月）	yī hào 一号 （1日、1番、1号）

中国語の中でも特に使う頻度が高い"一"と"不"の2文字だけは、後ろにくる声調によって声調が変化します。

❷ "不"の声調変化

◎ C-30

"不"の声調は、本来は第4声"bù"です。

① 後ろが第1声、第2声、第3声の場合 → 変化しない（本来の第4声のまま）

不吃 bù chī（食べない）

不行 bù xíng（だめだ）

不好 bù hǎo（悪い）

② 後ろが第4声の場合 → 第2声に変化

不对 bú duì（違う）

> 本来の声調は"一"と"不"で異なりますが、後ろの音節との組み合わせによる変化のしかたは同じです。
>
> なお、どちらも、辞書では元の声調で記されますが、テキストなどでは変化後の声調で記されることが多いです。

 発音練習

◎ C-31

"不"の付くことばを読んでみよう。

bù hē 不喝 （飲まない）	bù hé 不合 （合わない）	bù xíng 不行 （だめだ）	bù hǎo 不好 （悪い）
bù mǎi 不买 （買わない）	bú shì 不是 （〜ではない）	bú qù 不去 （行かない）	bú cuò 不错 （良い）

133

声調の章 13

2音節⑨ 声調変化の練習

覚えているかな？

① 第3声が連続するとき … 前の第3声が第2声に変わる
② "一"と"不" ……………… 後ろに付く声調によって変わる
　　{ 後ろが第1、2、3声の場合、第4声に
　　　後ろが第4声の場合、第2声に
　　　"一"は序数の場合、第1声のまま

声調変化の練習 （音声はありません）

本来の声調で書かれている次のピンインは、実際に読むときどの声調になるでしょうか。それぞれ空欄に、実際に読むときの声調記号を付けたピンインを書きましょう。

① nǐ hǎo　➡　＿＿＿ hǎo
你好（こんにちは）

② shuǐ jiǎo　➡　＿＿＿ jiǎo
水饺（水ギョウザ）

③ Fǎ yǔ　➡　＿＿＿ yǔ
法语（フランス語）

④ yǒng yuǎn　➡　＿＿＿ yuǎn
永远（永遠に）

⑤ yī biān　➡　＿＿＿ biān
一边（～しながら～する）

⑥ yī liú　➡　＿＿＿ liú
一流（一流である）

⑦ yī qǐ　➡　＿＿＿ qǐ
一起（一緒に）

⑧ yī gòng　➡　＿＿＿ gòng
一共（全部で）

⑨ yī dìng　➡　＿＿＿ dìng
一定（きっと～である）

⑩ yī yuè　➡　＿＿＿ yuè
一月（1月）

⑪ bù'ān　➡　＿＿＿'ān
不安（不安である）

⑫ bù rán　➡　＿＿＿ rán
不然（さもなければ）

⑬ bù guǎn　➡　＿＿＿ guǎn
不管（～にかかわらず、～であろうと）

⑭ bù guò　➡　＿＿＿ guò
不过（でも）

---

①ní hǎo　②shuí jiǎo　③Fá yǔ　④yóng yuǎn
⑤yì biān　⑥yì liú　⑦yì qǐ　⑧yí gòng　⑨yí dìng　⑩yī yuè
⑪bù'ān　⑫bù rán　⑬bù guǎn　⑭bú guò

まとめ　多重人格の第３声…第３声の変化のまとめ

「第３声を制するものは中国語の声調を制する」と言われるほど、第３声は重要です。なぜそんなに重要なのでしょうか？　それは、**第３声には４つの「人格」がある**からです。
第３声の４つの人格について、ここで整理しておきましょう。

第３声の「４つの人格」

❶ 基本の第３声
　…限界まで下げた低〜い「ド〜」

❷ 連続するとき
　…前が第２声に変化

❸ 軽声が変化
　…第３声に付く軽声は、高くなる

❹ 会話の中で単独で存在するとき、語尾が自然に少し上がる

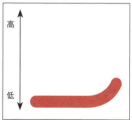

たとえば「いいよ」と返事するとき「好！」と言いますが、低いままの「hǎo」では相手にはっきり伝わらないことがあります。それで「hǎo ↗」と語尾を上げることで、発音しやすく、聞き取りやすくします。

実を言いますと 其の参

　突然ですが、白菜（báicài）という野菜は英語でなんというでしょうか？

　ご明察！　白菜は英語で「チャイニーズ・キャベツ」（Chinese cabbage）、つまり「中国のキャベツ」といいます。

　原産地を調べたら、中国原産という説もあれば、そうでない説もあります。いずれにせよ、あの真白い「からだ」を見ると、「白い野菜」、「白菜」と呼びたくもなりますね！

　白い野菜といったら、まぁ、キャベツだって白いですね。そういえば、みなさん、「キャベツ」という野菜を中国語でなんというでしょうか？

　これもまたおもしろいんです！　実を言いますと、「キャベツ」という野菜は、中国語では"洋白菜"（yáng báicài）、そう、つまり「西洋の白菜」というのです！

　欧米人は白菜のことを一種のキャベツだと認識し、一方の中国人はキャベツを一種の白菜だと認識している。なんとも面白いこの世の中。

　ちなみに、中国には"大白菜"と"小白菜"の違いもあります。中国に行かれたら、ぜひ両者の味を食べ比べてみてください。

第四部

安定したリズムで聞きやすい中国語に！

　中国語は「１字１音節」。ピンインが何文字あっても漢字１文字の音の長さは基本的に同じで、どれだけ長い文になっても、**１字１音節の安定したリズムは変わりません**。軽声を挟むところでは多少変化しますが、それでも一定のリズムがベースにあり、それに沿って読むのが原則です。

　特に日本人のみなさんに注意していただきたいのは、単母音で１つの漢字の音になるときです。日本語のローマ字読みのクセで、短くなってしまうことがよくあるからです。母音、子音、声調をきれいに発音できていても、１字１音節の安定したリズムが狂ってしまうととても聞きづらく、聞く人にたいへんなストレスを与えてしまいます。

　もちろん、文章を読む際には、意味の切れ目でトーンが変わったり、ポーズが入ったりしますし、スピードに緩急を付けて抑揚を付けますが、それは先の話。１音１音の発音を確実にしながら、基本となるリズム感を養いましょう。

　まず、単語から文章へ発展していくための橋渡しとして、３音節のことばを重点的に練習します。それから４音節、５音節と増やしていきましょう。

リズムの章 1

3音節①
同じ声調が連続するもの

3音節の発音ができれば、なんでも発音できる！

　中国語の単語のほとんどは1文字または2文字でできています。これから練習する3音節のことばは1文字を3つ、または1文字と2文字を組み合わせたもので、文はこれがさらに連続していくだけです。ということは、1文字と2文字のつなげ方をマスターし、3音節をスムーズに発音できれば、どんなことばも文も読めるようになりますね！

　3音節を重点的に練習して、声調のコントロールと、一定のリズムをマスターしましょう。

※発音練習は、2音節と同じ要領で、まず"a"で練習し、次に5語ずつ読んでいきます。メトロノーム音はありませんが、長さをしっかり保って発音しましょう。

※発音練習のピンイン表記では、単語の中の音節の切れ目は小さなスペースで、単語の切れ目にあたるところは「/」で表示しています。音節の切れ目を見極める練習はありませんが、発音練習をしながら、音節の切れ目と、単語の切れ目を確認していってください。

第1声 ＋ 第1声 ＋ 第1声

下がらないよう高さをキープ！
同じ高さを3回繰り返す。

 発音練習　"a"で練習… ā ā ā　ā ā ā　　次にことばを読もう。　 C-32

shōu yīn jī 收 音 机 （ラジオ）	chū zū chē 出 租 车 （タクシー）	shuāng bāo tāi 双 胞 胎 （双子）
hēi qī qī 黑 漆 漆 （真っ暗）	hē/kā fēi 喝 / 咖 啡 （コーヒーを飲む）	

3音節の練習として、特に集中力が必要な同じ声調が3つ続くパターンと、混乱しやすい3つの声調がそれぞれ異なるパターンを練習します。

（ええっ！）（ええっ！）（ええっ！）
第2声 ＋ 第2声 ＋ 第2声

最後まで気を抜かず、低くから上げる上げる上げる！

 発音練習　"a"で練習… ááá　ááá　次にことばを読もう。　◎ C-33

| Yí hé yuán
颐 和 园
（頤和園） | ér tóng jié
儿 童 节
（こどもの日） | quán mín zú
全 民 族
（全民族） |
| lái / yín háng
来 / 银 行
（銀行に来る） | méi / huí dá
没 / 回 答
（答えなかった） | |

（カァ）（カァ）（カァ）
第4声 ＋ 第4声 ＋ 第4声

どんどん高くから始めるくらいの意識で！

 発音練習　"a"で練習… ààà　ààà　次にことばを読もう。　◎ C-34

| bì yè zhèng
毕 业 证
（卒業証書） | è zuò jù
恶 作 剧
（いたずら） | pàn duàn lì
判 断 力
（判断力） |
| sù liào dài
塑 料 袋
（ビニール袋） | bàn / hù zhào
办 / 护 照
（パスポートの手続きをする） | |

第2声の3連続 ↗　第4声の3連続 ↘　ではありません！
どちらも同じ高さでの3連続 ↗↗↗　↘↘↘ です。
上がりきらない、下がりきらないと怖がらなくて大丈夫です！

第3声 ＋ 第3声 ＋ 第3声

　第3声が3回連続する場合、2連続の場合と同じで、あまりにも低すぎて聞き取りづらいので、前2つを第2声で発音するように変化します。
　ピンイン表記は第3声のままなので、読むときに自動変換しましょう。

第3声×3回の声調変化

◎第3声の3連続　⇒　**前2つを第2声に！**

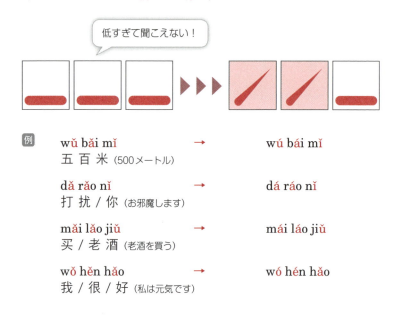

例
wǔ bǎi mǐ　　→　　wú bái mǐ
五 百 米 (500メートル)

dǎ rǎo nǐ　　→　　dá ráo nǐ
打 扰 / 你 (お邪魔します)

mǎi lǎo jiǔ　　→　　mái láo jiǔ
买 / 老 酒 (老酒を買う)

wǒ hěn hǎo　　→　　wó hén hǎo
我 / 很 / 好 (私は元気です)

発音練習　"a" で練習…ǎǎǎ　ǎǎǎ　　次にことばを読もう。　◎ C-35

wǔ bǎi mǐ
五 百 米
(500メートル)

dǎ rǎo/nǐ
打 扰 / 你
(お邪魔します)

mǎi/lǎo/jiǔ
买 / 老 酒
(老酒を買う)

wǒ/hěn/hǎo
我 / 很 / 好
(私は元気です)

guǎng chǎng wǔ
广 场 舞
(広場ダンス)

聞き取り練習　C-36

次の1～4について、それぞれ①～④の4つのことばを読みます。その中で、各問題で指定された声調の組み合わせのものはどれか、選んでください。①～④の選択肢はそれぞれ2回繰り返します。答えは下にあるので、隠して答えてください。

1. 第1声＋第1声＋第1声のものを1つ選んでください。

　　① 　　　　　② 　　　　　③ 　　　　　④

2. 第2声＋第2声＋第2声のものを1つ選んでください。

　　① 　　　　　② 　　　　　③ 　　　　　④

3. 第4声＋第4声＋第4声のものを1つ選んでください。

　　① 　　　　　② 　　　　　③ 　　　　　④

4. 第3声＋第3声＋第3声のものを1つ選んでください。

　　① 　　　　　② 　　　　　③ 　　　　　④

【聞き取り練習答え】
1 ①hóng / qí páo 红旗袍（赤いチャイナ服）　②shù jù kù 数据库（データベース）
　❸xīng qī yī 星期一（月曜日）　④xiǎo / yǔ sǎn 小雨伞（小さな雨傘）
2 ①shòu piào chù 售票处（切符売り場）　②hěn / měi mǎn 很美满（円満である）
　❸ér tóng jié 儿童节（こどもの日）　④fū qī / jiān 夫妻间（夫婦の仲）
3 ①Sōng huā jiāng 松花江（松花江）　❷yào / zhù yì 要注意（注意が必要）
　③hěn / kǒu / kě 很口渴（ノドが渇いている）　④Yáng chéng hú 阳澄湖（陽澄湖）
4 ❶qǐng / zǒu hǎo 请走好（お気を付けて）　②dà lì shì 大力士（力持ち）
　③chōng jī bō 冲击波（衝撃波）　④huáng / qiú xié 黄球鞋（黄色い運動靴）

3音節② 第1声から始まる3音節

第1声 ＋ 第2声 ＋ 第3声

 発音練習 "a"で練習… āáǎ　āáǎ　次にことばを読もう。 ◎ C-37

kē xué guǎn 科 学 馆 （科学館）	Zhōng guó jiǔ 中 国 酒 （中国酒）	shuō / É yǔ 说 / 俄 语 （ロシア語を話す）
huān yíng / nǐ 欢 迎 / 你 （ようこそ）	ān pái / hǎo 安 排 / 好 （きちんと手配する）	

第1声 ＋ 第2声 ＋ 第4声

 発音練習 "a"で練習… āáà　āáà　次にことばを読もう。 ◎ C-38

Zhōng guó cài 中 国 菜 （中国料理）	jiāo liú huì 交 流 会 （交流会）	ān quán dài 安 全 带 （シートベルト）
gū' ér yuàn 孤 儿 院 （孤児院）	xī hóng shì 西 红 柿 （トマト）	

第1声 ＋ 第2声 ＋ 第1声

 発音練習 "a"で練習… āáā　āáā　次にことばを読もう。 ◎ C-39

yī xué shū 医 学 书 （医学書）	fā míng jiā 发 明 家 （発明家）	gōng chéng shī 工 程 师 （エンジニア）
xiāo fáng chē 消 防 车 （消防車）	yāo qiú / dī 要 求 / 低 （要求は低い）	

3つの声調がそれぞれ異なる組み合わせの3音節を練習していきます。声調があやふやにならないように、しっかり練習していきましょう！

  （カァ）
第1声 ＋ 第3声 ＋ 第4声

 発音練習 "a"で練習… āǎà　āǎà　　次にことばを読もう。　◎ C-40

| chū bǎn shè
出 版 社
（出版社） | sōng jǐn dài
松 紧 带
（ゴムひも） | jiāo jǐng duì
交 警 队
（交通警察隊） |

| chī / zǎo fàn
吃 / 早 饭
（朝食を食べる） | duō / bǎo zhòng
多 / 保 重
（お大事に） |

（ソー） （ドー） （ええっ！）
第1声 ＋ 第3声 ＋ 第2声

 発音練習 "a"で練習… āǎá　āǎá　　次にことばを読もう。　◎ C-41

| Xiāng gǎng rén
香 港 人
（香港人） | chī / cǎo méi
吃 / 草 莓
（イチゴを食べる） | zhēn / dǎo méi
真 / 倒 霉
（まったく運が悪い） |

| zhāi / guǒ shí
摘 / 果 实
（果実をもぐ） | dāng / dǎo yóu
当 / 导 游
（ガイドになる） |

（ソー） （ドー） （ソー）
第1声 ＋ 第3声 ＋ 第1声

 発音練習 "a"で練習… āǎā　āǎā　　次にことばを読もう。　◎ C-42

| cān kǎo shū
参 考 书
（参考書） | dōng běi fēng
东 北 风
（北東の風） | Hā'ěr bīn
哈 尔 滨
（ハルビン） |

| tīng / guǎng bō
听 / 广 播
（ラジオを聴く） | chuān / yǔ yī
穿 / 雨 衣
（レインコートを着る） |

(ソー) (カァ) (ええっ!)
第1声 ＋ 第4声 ＋ 第2声

発音練習 "a"で練習… āàá āàá   次にことばを読もう。 ◎ C-43

yā suì qián 压 岁 钱 （お年玉）	dāng shì rén 当 事 人 （当事者）	lā / èr hú 拉 / 二 胡 （二胡を弾く）
tiē / dì tú 贴 / 地 图 （地図を貼る）	zhēn / yòu rén 真 / 诱 人 （実に人を魅きつける）	

(ソー) (カァ) (ド〜)
第1声 ＋ 第4声 ＋ 第3声

発音練習 "a"で練習… āàǎ āàǎ   次にことばを読もう。 ◎ C-44

yōu huì kǎ 优 惠 卡 （優待カード）	xiāo fèi zhě 消 费 者 （消費者）	yīn yuè jiǎng 音 乐 奖 （音楽賞）
kāi / fàn guǎn 开 / 饭 馆 （食堂を開く）	tuō / hòu tuǐ 拖 / 后 腿 （足を引っ張る、邪魔をする）	

(ソー) (カァ) (ソー)
第1声 ＋ 第4声 ＋ 第1声

発音練習 "a"で練習… āàā āàā   次にことばを読もう。 ◎ C-45

jī dàn gēng 鸡 蛋 羹 （茶碗蒸し）	chī / dàn gāo 吃 / 蛋 糕 （ケーキを食べる）	tīng / lù yīn 听 / 录 音 （録音を聴く）
gōng kè / duō 功 课 / 多 （授業が多い）	shōu fèi / dī 收 费 / 低 （料金が安い）	

144

聞き取り練習　　　C-46

次の1～4について、それぞれ①～④の4つのことばを読みます。その中で、各問題で指定された声調の組み合わせのものはどれか、2つ選んでください。答えは下にあります。

1. 第1声＋第2声＋第3声のものを2つ選んでください。
　　①　　　　　②　　　　　③　　　　　④

2. 第1声＋第3声＋第4声のものを2つ選んでください。
　　①　　　　　②　　　　　③　　　　　④

3. 第1声＋第3声＋第2声のものを2つ選んでください。
　　①　　　　　②　　　　　③　　　　　④

4. 第1声＋第4声＋第2声のものを2つ選んでください。
　　①　　　　　②　　　　　③　　　　　④

【聞き取り練習答え】
1 ①shēng huó fèi 生活费（生活費）　　❷shēng huó / hǎo 生活好（生活レベルが高い）
　③jiā yóu zhàn 加油站（ガソリンスタンド）　❹jiā mén kǒu 家门口（家の玄関）
2 ❶xiū lǐ fèi 修理费（修理費）　　　　②xiāng qíng / shēn 乡情深（故郷への思いが深い）
　❸yuē hǎo / qù 约好去（行くと約束した）　④guā / nán fēng 刮南风（南風が吹く）
3 ①chū kǒu shāng 出口商（輸出商）　　❷jī chǎng / qián 机场前（空港の前）
　❸wā jǐng rén 挖井人（井戸を開削した人、先達）　④yāo qǐng / tā 邀请他（彼を招待する）
4 ①shōu rù / shǎo 收入少（収入が少ない）　②kōng qì / hǎo 空气好（空気がよい）
　❸qīng shào nián 青少年（青少年）　　❹duō / yòng tú 多用途（多用途）

リズムの章

3

3音節③
第2声から始まる3音節

ええっ！　ソー　ド〜
第2声 ＋ 第1声 ＋ 第3声

 発音練習　"a"で練習… áāǎ　áāǎ　次にことばを読もう。　◎ C-47

wú huā guǒ	shí jiān biǎo	tú shū guǎn
无花果	时间表	图书馆
（イチジク）	（時間表）	（図書館）

pá shān hǔ	míng tiān / zǒu	
爬山虎	明天 / 走	
（ツタ）	（あした行く）	

ええっ！　ソー　カァ
第2声 ＋ 第1声 ＋ 第4声

 発音練習　"a"で練習… áāà　áāà　次にことばを読もう。　◎ C-48

xué qī mò	Chéng dū cài	wéi shēng sù
学期末	成都菜	维生素
（学期末）	（成都料理）	（ビタミン）

bié / shuō huà	méi / xī wàng	
别 / 说话	没 / 希望	
（しゃべるな）	（望みがない）	

ええっ！　ソー　ええっ！
第2声 ＋ 第1声 ＋ 第2声

 発音練習　"a"で練習… áāá　áāá　次にことばを読もう。　◎ C-49

yán jiū yuán	quán jiā fú	quán Zhōng guó
研究员	全家福	全中国
（研究員）	（家族写真）	（全中国）

nián qīng rén	tán / gāng qín	
年轻人	弹 / 钢琴	
（若者）	（ピアノを弾く）	

第2声はことばが長くなると、高低差がなくなってきます。特に第2声と第3声が続くときに注意！「頭は低く→思い切り上げる」を常に意識しましょう。

ええっ！　ド〜　カァ
第2声 ＋ 第3声 ＋ 第4声

 発音練習　"a"で練習… áǎà　áǎà　　次にことばを読もう。　◎C-50

niú zǎi kù 牛仔裤 （ジーパン）	shí pǐn guì 食品柜 （食品ケース）	wú suǒ wèi 无所谓 （どうでもよい）
ná shǒu cài 拿手菜 （得意料理）	méi / xiǎng dào 没 / 想到 （思いがけず、まさか）	

ええっ！　ド〜　ソー
第2声 ＋ 第3声 ＋ 第1声

 発音練習　"a"で練習… áǎā　áǎā　　次にことばを読もう。　◎C-51

bái mǐ zhōu 白米粥 （白かゆ）	háng hǎi shū 航海书 （航海の本）	lóng juǎn fēng 龙卷风 （竜巻）
Míng gǔ wū 名古屋 （名古屋）	pá / xuě shān 爬 / 雪山 （雪山に登る）	

ええっ！　ド〜　ええっ！
第2声 ＋ 第3声 ＋ 第2声

 発音練習　"a"で練習… áǎá　áǎá　　次にことばを読もう。　◎C-52

yóu yǒng chí 游泳池 （プール）	méi yǔ / shí 梅雨 / 时 （梅雨どき）	Yú měi rén 虞美人 （虞美人）
xué / yǔ yán 学 / 语言 （言語を学ぶ）	cháng / wǎng lái 常 / 往来 （常に行き来する）	

（ええっ！）　（カァ）　（ソー）
第2声 ＋ 第4声 ＋ 第1声

 発音練習　"a"で練習…áàā　áàā　次にことばを読もう。　◎ C-53

| bú xiù gāng
不锈钢
（ステンレス） | gé mìng jiā
革命家
（革命家） | chéng/kuài chē
乘/快车
（急行電車に乗る） |

| huí/Sì chuān
回/四川
（四川に帰る） | xué lì/gāo
学历/高
（学歴が高い） |

（ええっ！）　（カァ）　（ド〜）
第2声 ＋ 第4声 ＋ 第3声

 発音練習　"a"で練習…áàǎ　áàǎ　次にことばを読もう。　◎ C-54

| bó wù guǎn
博物馆
（博物館） | xié zòu qǔ
协奏曲
（協奏曲） | chéng jì biǎo
成绩表
（成績表） |

| suí biàn/zǒu
随便/走
（自由に散策する） | bú/yào jǐn
不/要紧
（大丈夫、かまわない） |

（ええっ！）　（カァ）　（ええっ！）
第2声 ＋ 第4声 ＋ 第2声

 発音練習　"a"で練習…áàá　áàá　次にことばを読もう。　◎ C-55

| fú wù yuán
服务员
（店員、係員） | Láo dòng jié
劳动节
（労働節） | cháng/liàn xí
常/练习
（常に練習する） |

| bú/zàn chéng
不/赞成
（反対する） | bú/zì rán
不/自然
（不自然である） |

148

聞き取り練習　　　C-56

次の1〜4について、それぞれ①〜④の4つのことばを読みます。その中で、各問題で指定された声調の組み合わせのものはどれか、2つ選んでください。答えは下にあります。

1．第2声＋第1声＋第2声のものを2つ選んでください。

　①　　　　　　②　　　　　　③　　　　　　④

2．第2声＋第3声＋第4声のものを2つ選んでください。

　①　　　　　　②　　　　　　③　　　　　　④

3．第2声＋第3声＋第2声のものを2つ選んでください。

　①　　　　　　②　　　　　　③　　　　　　④

4．第2声＋第4声＋第3声のものを2つ選んでください。

　①　　　　　　②　　　　　　③　　　　　　④

【聞き取り練習答え】
1　①tái fēng / jì 台风季（台風シーズン）　　❷tián guā / tián 甜瓜甜（メロンは甘い）
　　③yóu xiāng hào 邮箱号（メールアドレス）　❹lái / bāng máng 来帮忙（手伝いに来る）
2　❶dé / gǎn mào 得感冒（風邪をひく）　　　②tián / bǐng gān 甜饼干（甘いビスケット）
　　❸yáo gǔn yuè 摇滚乐（ロック音楽）　　　④yáo gǔn gē 摇滚歌（ロックソング）
3　①yí kè zhōng 一刻钟（15分間）　　　　　❷cháng tǒng xié 长筒鞋（ブーツ）
　　❸yóu yǒng chí 游泳池（プール）　　　　　④wén jù xiāng 文具箱（文具箱）
4　①Chóng qìng rén 重庆人（重慶の人）　　　❷yí lù / pǎo 一路跑（ずっと小走り）
　　③méi / fàng xué 没放学（学校が終わっていない）❹hóng / dì tǎn 红地毯（レッドカーペット）

3音節④
第4声から始まる3音節

カア + ソー + ええっ！
第4声 ＋ 第1声 ＋ 第2声

 発音練習 "a"で練習…àāá　āāá　　次にことばを読もう。　◎ C-57

yì jiā rén 一家人 （家族、仲間）	mò shēng rén 陌生人 （見ず知らずの人）	là jiāo yóu 辣椒油 （ラー油）
dà/jiā tíng 大/家庭 （大家族）	lì jiāo qiáo 立交桥 （立体交差の高架橋）	

カア + ソー + ド〜
第4声 ＋ 第1声 ＋ 第3声

 発音練習 "a"で練習…àāǎ　āāǎ　　次にことばを読もう。　◎ C-58

liè chē zhǎng 列车长 （車掌）	yì/bēi/jiǔ 一/杯/酒 （1杯の酒）	qù/Xiāng gǎng 去/香港 （香港に行く）
liàn/shū fǎ 练/书法 （書道を練習する）	dà/jī chǎng 大/机场 （大空港）	

カア + ソー + カア
第4声 ＋ 第1声 ＋ 第4声

 発音練習 "a"で練習…àāà　āāà　　次にことばを読もう。　◎ C-59

bàn gōng shì 办公室 （事務所、オフィス）	biàn yā qì 变压器 （変圧器）	zuò/jiā wù 做/家务 （家事をする）
rèn zhēn/kàn 认真/看 （真剣に見る）	xià tiān/rè 夏天/热 （夏は暑い）	

疲れてくると、第4声のしっかり下げることができなくなってきます。「高いところから急降下」を忘れないでください。

(カァ) + (ええっ!) + (ソー)
第4声 ＋ 第2声 ＋ 第1声

発音練習 "a" で練習… àáā　àáā　次にことばを読もう。　◎ C-60

| dà xué shēng
大 学 生
（大学生） | zì xíng chē
自 行 车
（自転車） | hào qí xīn
好 奇 心
（好奇心） |

| dìng/fáng jiān
订 / 房 间
（部屋を予約する） | xià/tái jiē
下 / 台 阶
（階段を下りる） |

(カァ) + (ええっ!) + (ド〜)
第4声 ＋ 第2声 ＋ 第3声

発音練習 "a" で練習… àáǎ　àáǎ　次にことばを読もう。　◎ C-61

| Dà lián gǎng
大 连 港
（大連港） | kuàng quán shuǐ
矿 泉 水
（ミネラルウォーター） | hù lián wǎng
互 联 网
（インターネット） |

| jià gé biǎo
价 格 表
（価格表） | bù/hé lǐ
不 / 合 理
（合理的でない） |

(カァ) + (ええっ!) + (カァ)
第4声 ＋ 第2声 ＋ 第4声

発音練習 "a" で練習… àáà　àáà　次にことばを読もう。　◎ C-62

| dì tú cè
地 图 册
（地図帳） | zuò wén kè
作 文 课
（作文の授業） | dàn bái zhì
蛋 白 质
（たんぱく質） |

| zhì liáo fèi
治 疗 费
（治療費） | kàn/zá zhì
看 / 杂 志
（雑誌を読む） |

第4声 ＋ 第3声 ＋ 第1声

 発音練習 "a"で練習…àǎā　àǎā　　次にことばを読もう。　◎ C-63

Hàn yǔ bān 汉 语 班 （中国語クラス）	zuò / huǒ chē 坐 / 火 车 （汽車に乗る）	qù / hǎi biān 去 / 海 边 （海辺に行く）
kàn / yǎn chū 看 / 演 出 （ショーを見る）	bù / jiǎn dān 不 / 简 单 （たいしたものである）	

第4声 ＋ 第3声 ＋ 第2声

 発音練習 "a"で練習…àǎá　àǎá　　次にことばを読もう。　◎ C-64

Rì běn rén 日 本 人 （日本人）	wù lǐ xué 物 理 学 （物理学）	diàn jiǎo shí 垫 脚 石 （踏み台、足掛かり）
bù / kě néng 不 / 可 能 （ありえない）	qù / lǚ xíng 去 / 旅 行 （旅行に行く）	

第4声 ＋ 第3声 ＋ 第4声

 発音練習 "a"で練習…àǎà　àǎà　　次にことばを読もう。　◎ C-65

rù kǒu chù 入 口 处 （入口）	miè huǒ qì 灭 火 器 （消火器）	jì / lǐng dài 系 / 领 带 （ネクタイを締める）
dà / jiǎn jià 大 / 减 价 （大セール）	shuì / lǎn jiào 睡 / 懒 觉 （寝坊する）	

聞き取り練習　　　　　　　　　　　　　　　　　◎ C-66

次の1〜4について、それぞれ①〜④の4つのことばを読みます。その中で、各問題で指定された声調の組み合わせのものはどれか、2つ選んでください。答えは下にあります。

1．第4声＋第1声＋第3声のものを2つ選んでください。

　　①　　　　　　　②　　　　　　　③　　　　　　　④

2．第4声＋第2声＋第1声のものを2つ選んでください。

　　①　　　　　　　②　　　　　　　③　　　　　　　④

3．第4声＋第2声＋第3声のものを2つ選んでください。

　　①　　　　　　　②　　　　　　　③　　　　　　　④

4．第4声＋第3声＋第2声のものを2つ選んでください。

　　①　　　　　　　②　　　　　　　③　　　　　　　④

【聞き取り練習答え】
1 ①bù / huí / jiā 不回家（家に帰らない）　❷qù / hē / jiǔ 去喝酒（酒を飲みに行く）
　③yào / xié shāng 要协商（協議しなければならない）❹jìn chū kǒu 进出口（輸出入）
2 ①bù / zhāng / kǒu 不张口（話さない）　❷kàn / tú shū 看图书（図書を読む）
　❸xià / jué xīn 下决心（決心を固める）　④yào / jiā shuǐ 要加水（水を加えなければならない）
3 ❶dà xiá gǔ 大峡谷（大峡谷）　❷kuàng quán shuǐ 矿泉水（ミネラルウォーター）
　③zuò / huǒ chē 坐火车（汽車に乗る）　④diàn yǐng zhōu 电影周（映画ウィーク）
4 ①yì qǐ / qù 一起去（一緒に行く）　②dài / kǒu zhào 戴口罩（マスクをつける）
　❸Shàng hǎi rén 上海人（上海人）　❹dà běn yíng 大本营（大本営）

3音節⑤
第3声から始まる3音節

  ええっ！
第3声 ＋ 第1声 ＋ 第2声

 発音練習　"a"で練習…ǎāá　ǎāá　次にことばを読もう。　◎ C-67

| tǐ cāo fú
体 操 服
(体操服) | mǎi/xī fú
买 / 西 服
(スーツを買う) | hěn/duō/rén
很 / 多 / 人
(たくさんの人) |

| hěn/kē xué
很 / 科 学
(合理的である) | yǎng/jīn yú
养 / 金 鱼
(金魚を飼う) | |

  カァ
第3声 ＋ 第1声 ＋ 第4声

 発音練習　"a"で練習…ǎāà　ǎāà　次にことばを読もう。　◎ C-68

| Běi jīng zhàn
北 京 站
(北京駅) | pǔ tōng huà
普 通 话
(普通語（中国の標準語）) | mǎi/jiā jù
买 / 家 具
(家具を買う) |

| yǒu/xī wàng
有 / 希 望
(望みがある) | hěn/fāng biàn
很 / 方 便
(便利である) | |

第3声 ＋ 第1声 ＋ 第3声

 発音練習　"a"で練習…ǎāǎ　ǎāǎ　次にことばを読もう。　◎ C-69

| Guǎng dōng shěng
广 东 省
(広東省) | hǎo/fāng fǎ
好 / 方 法
(よい方法) | xiǎo/cāo chǎng
小 / 操 场
(小さなグラウンド) |

| yǒu/quē diǎn
有 / 缺 点
(欠点がある) | xiǎng/hē/shuǐ
想 / 喝 / 水
(水を飲みたい) | |

第3声が高くなってしまうと、ほかの3つの声調もすべてあいまいになってきます。ことばが長くなってもしっかりと低い音をキープしましょう。

第3声 ＋ 第2声 ＋ 第1声　

 発音練習　"a"で練習… ǎáā　ǎáā　次にことばを読もう。　◎ C-70

xiǎo xué shēng	xiǎo xióng māo	yě jú huā
小学生	小熊猫	野菊花
(小学生)	(レッサーパンダ)	(野路菊)

lǚ yóu chē	jǐ / yá gāo	
旅游车	挤 / 牙膏	
(観光バス)	(歯磨き粉を絞り出す、しぶしぶ話す)	

第3声 ＋ 第2声 ＋ 第4声　

 発音練習　"a"で練習… ǎáà　ǎáà　次にことばを読もう。　◎ C-71

lěng cáng kù	Jǐng dé zhèn	mǎi / zá zhì
冷藏库	景德镇	买 / 杂志
(冷蔵庫)	(景徳鎮)	(雑誌を買う)

jiǎng / tiáo jiàn	hěn / máo dùn	
讲 / 条件	很 / 矛盾	
(条件を付ける)	(矛盾している)	

第3声 ＋ 第2声 ＋ 第3声　

 発音練習　"a"で練習… ǎáǎ　ǎáǎ　次にことばを読もう。　◎ C-72

wǎng qiú chǎng	Hǎi nán shěng	mǎi / pí jiǔ
网球场	海南省	买 / 啤酒
(テニスコート)	(海南省)	(ビールを買う)

lǐng / fáng kǎ	yǎng / chái gǒu	
领 / 房卡	养 / 柴狗	
(ルームカードを受け取る)	(柴犬を飼う)	

第3声 ＋ 第4声 ＋ 第1声

 発音練習 "a"で練習…ǎàā　ǎàā　次にことばを読もう。　◎ C-73

lǐ bài tiān 礼 拜 天 (日曜日)	fǔ xù jīn 抚 恤 金 (慰謝料、救済金)	hǎo / lǜ shī 好 / 律 师 (よい弁護士)
hěn / tè shū 很 / 特 殊 (特殊である)	mǐ fàn / xiāng 米 饭 / 香 (ご飯がおいしい)	

第3声 ＋ 第4声 ＋ 第2声

 発音練習 "a"で練習…ǎàá　ǎàá　次にことばを読もう。　◎ C-74

bǎo hù shén 保 护 神 (守護神)	yǎn jìng hé 眼 镜 盒 (メガネケース)	yǔ zhòu rén 宇 宙 人 (宇宙人)
xiǎo mài tián 小 麦 田 (小麦畑)	qiǎng / jìng tóu 抢 / 镜 头 (シャッターチャンスをものにする)	

第3声 ＋ 第4声 ＋ 第3声

 発音練習 "a"で練習…ǎàǎ　ǎàǎ　次にことばを読もう。　◎ C-75

měi shù guǎn 美 术 馆 (美術館)	bǐ jì běn 笔 记 本 (ノート)	shǒu shì pǐn 首 饰 品 (アクセサリー)
xiǎng / bàn fǎ 想 / 办 法 (方法を考える)	yǒu / yào lǐng 有 / 要 领 (要領を得ている)	

聞き取り練習　　　◎ C-76

次の1〜4について、それぞれ①〜④の4つのことばを読みます。その中で、各問題で指定された声調の組み合わせのものはどれか、2つ選んでください。答えは下にあります。

1. 第3声＋第1声＋第2声のものを2つ選んでください。
   ①　　　　　　　②　　　　　　　③　　　　　　　④

2. 第3声＋第2声＋第1声のものを2つ選んでください。
   ①　　　　　　　②　　　　　　　③　　　　　　　④

3. 第3声＋第4声＋第2声のものを2つ選んでください。
   ①　　　　　　　②　　　　　　　③　　　　　　　④

4. 第3声＋第4声＋第3声のものを2つ選んでください。
   ①　　　　　　　②　　　　　　　③　　　　　　　④

【聞き取り練習答え】
1 ①huǒ chē zhàn 火车站（駅）　　❷xiǎo / gōng yuán 小公园（小さな公園）
　❸hǎo / shēng huó 好生活（よい生活）　④dǎ dī / qù 打的去（タクシーで行く）
2 ①yǎn yuán biǎo 演员表（配役表）　②hěn / nán dǒng 很难懂（わかりにくい）
　❸jiǎng xué jīn 奖学金（奨学金）　❹lǎo / xué jiū 老学究（世間知らずの学者）
3 ①yǒu / jià qī 有假期（休暇がある）　❷kǒu wèi / nóng 口味浓（味が濃い）
　③zhǎo / xià jiā 找下家（次の道を探す）　❹tǐ lì huór 体力活儿（体力仕事）
4 ❶mǎi / yào pǐn 买药品（薬品を買う）　②qù / jiāo yóu 去郊游（ピクニックに行く）
　③liàn / gāng qín 练钢琴（ピアノを練習する）　❹xiǎo / jì zhě 小记者（小中高生の記者）

つながる音節を読もう！

4音節以上からなることばや文を読む…リズムと音程を大切に！

　さて、それではここからいよいよ応用編に突入です！　4文字4音節のことばから短文まで読んでみましょう。

　中国語は、どれだけたくさんの文字（音節）がつながって長く見えても、1文字1音節と2文字2音節の単語を組み合わせ、つなげているだけです。ここまでの訓練で身につけてきた、個々の発音と声調のコントロール、そしてベースとなるリズム感を忘れずに、集中力を切らさずに読んでいきましょう。

4音節以上の練習方法

ここからの練習は、次のように行います。

① **CDを聞く前に、ピンインを見て、どのような音かイメージします。**

　ここまではピンインを見ながら音を聞いて、それに従って読んできましたが、その順番を入れ替えてみましょう。ピンイン表記から音を正確にイメージできれば、発音を覚えられたということです。

② **CDをよく聞き、ポーズが入ったりリズムに緩急が付いていることを感じましょう。**

　CDには、ゆっくり、自然な流れに乗りながら読んだ音声を録音しています。ここまでは一定のリズムに従って読んできましたが、自然な流れに乗ると、意味が切れるところでポーズが入ったり、リズムに緩急が付くようになります。CDをよく聞きながら、その流れとリズムを感じ取ってください。

③ **CDについて読みましょう。**

　CDを真似しながら、読みましょう。

④ **漢字と音をリンクさせましょう。**

　ここまで、ピンインと音によって読んできましたが、この段階まで進んだら、その下にある漢字（簡体字）にも注目してください。まずピンインを見ながら発音し、次に、漢字を見て発音することを繰り返しましょう。

　ピンインは日本語でいう「ふりがな」ですから、実際に中国の文を読むときには漢字しかありません。将来、ピンインに頼らなくても漢字から音をイメージできるように、漢字とピンインと音を結びつけていきましょう。

リズムの章 6

4音節のことばを読もう

ウォームアップ

　日本人の名前は漢字4文字のものが多いですね。中国人には、日本人の名前を聞くと四字成語に聞こえることもあるんですよ（笑）。身近な日本人の名前で、たくさんの音節を読むウォームアップをしましょう。歴史上の人物と、中国で人気のある日本人から10人の名前をピックアップしました。

　CDについて中国語の発音をしたあと、日本語でも声に出して読んでみてください。中国語と日本語のリズムの違いがよくわかるはずです。特に、単母音の音節の長さの違いは要チェック。中国語のリズムを崩さずに読むには、母音が単母音の音節の長さをしっかりとることがポイントです。

発音練習　　C-77

Zhī tián Xìn zhǎng
织田信长
（織田信長）

Dé chuān Jiā kāng
德川家康
（徳川家康）

Bǎn běn Lóng mǎ
坂本龙马
（坂本龍馬）

Tián zhōng Jiǎo róng
田中角荣
（田中角栄）

Cūn shàng Chūn shù
村上春树
（村上春樹）

Shān kǒu Bǎi huì
山口百惠
（山口百惠）

Líng mù Yī láng
铃木一郎
（鈴木一郎）

Qiǎn tián Zhēn yāng
浅田真央
（浅田真央）

Tiān hǎi Yòu xī
天海祐希
（天海祐希）

Shǐ yě Hào' èr
矢野浩二
（矢野浩二（中国で人気の日本人俳優））

> ついでに、中国の簡体字と日本の漢字の形の違いも確かめてみてくださいね！

四字成語を読もう

　中国人は2文字2音節の単語を2つ組み合わせた、4文字4音節のことばが大好きです。4文字4音節のことばの代表といえば、日本語にも多く取り入れられている"四字成語"（四字熟語）でしょう。日本では日常の会話やメッセージのやりとりに四字熟語やことわざを多用すると、なんだかキザな感じになりますが、中国人同士のおしゃべりでは、ふつうに四字成語が飛び交います。みなさんもぜひ、その格調高く耳にも心地よい響きを感じながら読んでみて、そして使ってみてください！

 発音練習　　　　　　　　　　　　　　　　　　　　◎ C-78

　まず、日本語でも漢字4文字で表すものを読んでみましょう。名前と同じように、CDについて中国語の発音をしたあと日本語で読んでみて、そのリズムの違いを確認しましょう。

bǎi fā bǎi zhòng 百 发 百 中 百発百中（ひゃっぱつひゃくちゅう）	tóng chuáng yì mèng 同 床 异 梦 同床異夢（どうしょういむ）
yì dāo liǎng duàn 一 刀 两 断 一刀両断（いっとうりょうだん）	tiān yī wú fèng 天 衣 无 缝 天衣無縫（てんいむほう）
wò xīn cháng dǎn 卧 薪 尝 胆 臥薪嘗胆（がしんしょうたん）	diàn guāng shí huǒ 电 光 石 火 電光石火（でんこうせっか）
páng ruò wú rén 旁 若 无 人 傍若無人（ぼうじゃくぶじん）	sì miàn chǔ gē 四 面 楚 歌 四面楚歌（しめんそか）
bǎi huā liáo luàn 百 花 缭 乱 百花繚乱（ひゃっかりょうらん）	mǎn shēn chuāng yí 满 身 疮 痍 満身創痍（まんしんそうい）

huà lóng diǎn jīng 画 龙 点 睛 画竜点睛（がりょうてんせい）	wēn gù zhī xīn 温 故 知 新 温故知新（おんこちしん）
qǐ sǐ huí shēng 起 死 回 生 起死回生（きしかいせい）	nèi yōu wài huàn 内 忧 外 患 内憂外患（ないゆうがいかん）
ruò ròu qiáng shí 弱 肉 强 食 弱肉強食（じゃくにくきょうしょく）	qiē cuō zhuó mó 切 磋 琢 磨 切磋琢磨（せっさたくま）
qīng jǔ wàng dòng 轻 举 妄 动 軽挙妄動（けいきょもうどう）	zhāo sān mù sì 朝 三 暮 四 朝三暮四（ちょうさんぼし）
fū chàng fù suí 夫 唱 妇 随 夫唱婦随（ふしょうふずい）	hǔ shì dān dān 虎 视 眈 眈 虎視眈々（こしたんたん）

 発音練習 ◎ C-79

次に、日本語では違う漢字で表したり、読み下ししたり、日本で独自のことわざになっているものを読んでみましょう。ピンインを見て読み方をイメージしてから、CDに続いて読んでください。

dī shuǐ chuān shí 滴 水 穿 石 雨垂れ石をうがつ	yǔ hòu chūn sǔn 雨 后 春 笋 雨後の筍
zhōng yán nì' ěr 忠 言 逆 耳 忠言、耳に逆らう	liáng yào kǔ kǒu 良 药 苦 口 良薬は口に苦し

次ページに続く→

161

wù wàng chū xīn	bēi gōng shé yǐng
勿忘初心	杯弓蛇影
初心忘るべからず	杯中の蛇影

duì niú tán qín	jǐng dǐ zhī wā
对牛弹琴	井底之蛙
馬の耳に念仏	井の中の蛙

bīng shān yì jiǎo	huǒ shàng jiāo yóu
冰山一角	火上浇油
氷山の一角	火に油を注ぐ

yì qiū zhī hé	zhǎn lù tóu jiǎo
一丘之貉	崭露头角
同じ穴の狢（むじな）	頭角を現す

cāng hǎi yí sù	jiǔ sǐ yì shēng
沧海一粟	九死一生
滄海の一粟（いちぞく）	九死に一生を得る

yì jué cí xióng	guǎ bù dí zhòng
一决雌雄	寡不敌众
雌雄を決する	衆寡敵せず

bèi shuǐ yí zhàn	chèn rè dǎ tiě
背水一战	趁热打铁
背水の陣	鉄は熱いうちに打て

dǎ cǎo jīng shé	dōng shī xiào pín
打草惊蛇	东施效颦
やぶへび	顰（ひそ）みにならう

4音節の応用　『詩経』を読もう ◎C-80

『詩経』（诗经 shījīng）は、紀元前6世紀頃までの古代中国の詩歌3000余首が収められた、世界最古の詩集の1つです。四字成語のルーツでもあります。この中から、「関雎」（ミサゴ鳥）という美しい詩を読んでみましょう。

それにしても、片思いというものは、今も昔も変わりませんね（笑）。

Guān guan jū jiū 关 关 雎 鸠	つがいのミサゴ鳥が　二羽
Zài hé zhī zhōu 在 河 之 洲	河の中洲で　鳴き交わす
Yǎo tiǎo shū nǚ 窈 窕 淑 女	若くて　きれいな　あのむすめ
Jūn zǐ hào qiú 君 子 好 逑	ほんとに　ぼくに　ぴったりだ
Cēn cī xíng cài 参 差 荇 菜	池いっぱいのアサザの新芽
Zuǒ yòu liú zhī 左 右 流 之	白い指で　右に左に摘み取って
Yǎo tiǎo shū nǚ 窈 窕 淑 女	若くて　きれいな　あのむすめ
Mèng mèi qiú zhī 梦 寐 求 之	寝ても覚めても　いとおしい
Qiú zhī bù dé 求 之 不 得	あの子は　ちっとも　振り向かない
Wù mèi sī fú 寤 寐 思 服	寝ても覚めても　思いがつのる
Yōu zāi yóu zāi 悠 哉 游 哉	苦しいよ　苦しいな
Zhǎn zhuǎn fǎn cè 辗 转 反 侧	寝返りばかりで　夜が明けた

出典：松岡榮志（訳）（2015）．大中華文庫『詩経』　外文出版社

もっとたくさん読もう

さあ、いよいよ総仕上げです。5文字以上あることわざや短い文を読んでみましょう。

いろいろなことわざを読もう

中国には、四字成語のほかにもたくさんのことわざがあります。5文字5音節以上のいろいろなことわざを読んでみましょう。
なおここからのピンインは、通常通り、単語ごとに区切っています。

 発音練習　　　◎ C-81

dǎ rúyì suànpan
打 如意 算盘
取らぬ狸の皮算用

sān suì kàn dào lǎo
三 岁 看 到 老
三つ子の魂百まで

lòuchū le mǎjiǎo
露出 了 马脚
馬脚を現す

rén bù kě màoxiàng
人 不 可 貌相
人は見かけによらぬもの

bù dǎ bù chéng jiāo
不 打 不 成 交
雨降って地固まる

tiānshàng diào xiànr bǐng
天上 掉 馅儿 饼
棚からぼたもち

wǔshí bù xiào bǎi bù
五十 步 笑 百 步
五十歩百歩

yǒu zhì zhě shì jìng chéng
有志者事竟成
志ある者は事竟に成る

yǒu qí fù bì yǒu qí zǐ
有其父必有其子
この親にしてこの子あり

péi le fūren yòu zhé bīng
赔了夫人又折兵
骨折り損のくたびれ儲け

shībài shì chénggōng zhī mǔ
失败是成功之母
失敗は成功のもと

shuō Cáo Cāo, Cáo Cāo dào
说曹操，曹操到
噂をすれば影

rénjiān dàochù yǒu qīngshān
人间到处有青山
人間到る所青山あり

tiáo tiáo dàlù tōng Luómǎ
条条大路通罗马
すべての道はローマに通ず

qīng chū yú lán, ér shèng yú lán
青出于蓝，而胜于蓝
青は藍より出でて藍より青し

duō yí shì bùrú shǎo yí shì
多一事不如少一事
触らぬ神に祟りなし

wù yǐ lèi jù, rén yǐ qún fēn
物以类聚，人以群分
類は友を呼ぶ

zhí zǐ zhī shǒu, yǔ zǐ xié lǎo
执子之手，与子偕老
共に手を取り共白髪まで

5音節の応用　童謡を読もう　◎C-82

　北宋の詩人である邵雍が作った童謡「山村」を読んでみましょう。
　じつはこの詩にはある秘密があります。まずピンインだけを見ながらCDを聞いてみてください。

Yí qù èr sān lǐ

Yān cūn sì wǔ jiā

Tíng tái liù qī zuò

Bā jiǔ shí zhī huā

こんどは漢字を読みながら、もう一度CDを聞いて発音してみましょう。

Yí qù èr sān lǐ
一 去 二 三 里，
Yān cūn sì wǔ jiā
烟 村 四 五 家。
Tíng tái liù qī zuò
亭 台 六 七 座，
Bā jiǔ shí zhī huā
八 九 十 枝 花。

　　　一たび去けば　進むこと二、三里、
　　　山村に炊煙昇る　四、五戸の家。
　　　　あずまや　六、七基、
　　　ふと見れば　八、九、十輪の花。

　この詩の秘密、おわかりですね。そう！　一から十までの数字と数え方が組み込まれているのです。日本にもいろいろな数え歌がありますが、この童謡は、中国では子供に数字を覚えさせる童謡としてよく知られています。
　中国語独特のリズムに乗って、気持ちよく数字やことばが覚えられますね。

多音節の応用　宋詞を読もう　◎ C-83

　もう少し長く続く文章を読む練習として、「詞」を取り上げます。
　「詞」は、杜甫、李白らの「詩」とは異なる形式を持ち、もともとは音楽に合わせて歌うものでした。まさに現代の「歌詞」のルーツです。宋の時代の「宋詞」が特によく知られており、日本でも詩吟などで詠われています。この「宋詞」の中から、代表的な女流詞人・李清照の作品「如夢令」を読んでみましょう。

Zuóyè yǔ shū fēng zhòu,
昨夜雨疏风骤,

nóng shuì bù xiāo cán jiǔ.
浓睡不消残酒。

Shì wèn juǎn lián rén,
试问卷帘人,

què dào hǎitáng yījiù.
却道海棠依旧。

Zhī fǒu,
知否,

zhī fǒu?
知否?

Yīng shì lǜ féi hóng shòu.
应是绿肥红瘦。

　　　昨夜　雨風　激しくて　寝つかれなかった
　お酒で　熟睡したけど　酔いは　まだ　抜けきらず
　簾を巻き上げる　侍女に　外のようすを　聞いてみる
　奥様　海棠（かいどう）の花は　昨日と　同じですわ
　　　　　　いいかい　おまえ
　　　　　　よく　よく　ごらん
　きっと　紅い花は落ち　緑の葉ばかり　目立つから

出典：松岡榮志（訳）（2017）．大中華文庫『宋詞選』　外文出版社

短文を読もう

日常よく使う短文を読みましょう。

発音練習
◎ C-84

Nǐ shēntǐ hǎo ma?
你 身体 好 吗?
お元気ですか？

Hǎojiǔ bú jiàn le.
好久 不 见 了。
お久しぶりです。

Jīntiān jǐ yuè jǐ hào?
今天 几 月 几 号?
今日は何月何日ですか？

Xiànzài jǐ diǎn le?
现在 几 点 了?
今何時ですか？

Jīntiān xīngqī jǐ?
今天 星期 几?
今日は何曜日ですか？

Nǐ jīnnián duō dà?
你 今年 多 大?
あなたは今年おいくつですか？

Kěyǐ shuākǎ ma?
可以 刷卡 吗?
クレジットカードは使えますか？

Néng piányi diǎnr ma?
能 便宜 点儿 吗?
少し安くできますか？

Qǐng gěi wǒ càidān.
请 给 我 菜单。
メニューをください。

> Qǐng bié fàng làjiāo.
> 请 别 放 辣椒。
> 唐辛子を入れないでください。

> Xǐshǒujiān zài nǎr?
> 洗手间 在 哪儿?
> お手洗いはどこですか?

> Yào duō cháng shíjiān?
> 要 多 长 时间?
> 時間はどのくらいかかりますか?

> Duìbuqǐ, lái wǎn le.
> 对不起, 来 晚 了。
> 遅れてすみません。

現代文　自己紹介の例文を読もう

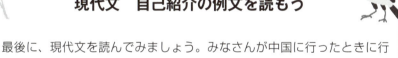

　最後に、現代文を読んでみましょう。みなさんが中国に行ったときに行う「自己紹介」の例で練習します。この次のページにある自己紹介の例文を、CDをよく聞いて真似をしながら読んでみてください。
　中国語の文章の中に「/」が入っていますが、これは意味が自然に区切られるところです。
　日本語の文章であれば、助詞などを目安として意味（文節）の切れ目を見つけることができますが、漢字ばかりの中国語の場合、文章を見ただけでその見極めをつけるのはなかなか難しいものでしょう。しかし、声に出して読むときには、自然な意味の流れに従い、意味が切れるところで間が入ります。「音の切れ目は意味の切れ目」、それをうまく捉えられると、読むのも楽になりますし、聴解も読解もぐんとできるようになりますよ。

次ページへ→

◎ C-85

zì wǒ jiè shào
自我介绍

Dàjiā hǎo! / Wǒ / xìng / Tiánzhōng, / jiào / Tiánzhōng / Gōngyī.
大家好！/ 我 / 姓 / 田中，/ 叫 / 田中 / 功一。

Wǒ / jīnnián / èrshiqī suì, / dàxué / bìyè hòu / láidào / Sānlì / màoyì
我 / 今年 / 二十七岁，/ 大学 / 毕业后 / 来到 / 三利 / 贸易
/ gōngsī / gōngzuò.
/ 公司 / 工作。

Jīnnián, / gōngsī / pài wǒ lái / Zhōngguó. / Wǒ / shì / dì yī cì /
今年，/ 公司 / 派我来 / 中国。/ 我 / 是 / 第一次 /
lái Zhōngguó, / zhèli de / yíqiè / duì wǒ / lái shuō / dōu / hěn /
来中国，/ 这里的 / 一切 / 对我 / 来说 / 都 / 很 /
xīnxiān, / dōu / hěn / yǒu / xīyǐnlì.
新鲜，/ 都 / 很 / 有 / 吸引力。

Wǒ xiǎng / hé dàjiā / zuò péngyou, / rènzhēn / gōngzuò, /
我 想 / 和大家 / 做 朋友，/ 认真 / 工作，/
kuàilè / shēnghuó.
快乐 / 生活。

Qǐng / duōduō / zhǐjiào!
请 / 多多 / 指教！

自己紹介
みなさんこんにちは！　私は田中という苗字で、田中功一ともうします。
私は今年27歳、大学を卒業後、三利貿易会社に来ました。
今年、私は会社から中国に派遣されました。初めて中国に来たので、ここのすべてが私にとって新鮮で、たいへん魅力的です。
私はみなさんと友達になって、しっかり働き、楽しく暮らしたいと思います。
どうぞよろしくお願いいたします！

むすびにかえて

みなさん、たくさんの練習、たいへんお疲れさまでした！

最後に、この本でお話ししてきた中国語発音の要点を整理して、「中国語発音の心得5ヵ条」として挙げます。この本での練習がきっかけとなり、みなさまの中国語学習がより楽しく楽に進みますよう、願っています。

● 中国語発音の心得5ヵ条 ●

心得① 恥ずかしがらずに口を大きく使おう

中国語は口先だけでは発音できません。オーバーなくらい口を大きく使いましょう。

心得② 息をしっかり使おう

中国語の発音は、息の使い方が多彩です。強く鋭い息と、穏やかな息を使い分けられるように、しっかり息をコントロールしましょう。

心得③ 一定のリズムに乗ろう

まず「1字1音節」の一定のリズムを身につけること。抑揚を付けたりするのは、それから先の応用です。

心得④ 声調が最大の聞かせどころ

しっかりと間違いなく意味を伝えるためには、正しい声調が必須です。声調さえしっかりしていれば、きちんと通じます。体を使いながら、音程の感覚を身につけましょう。

心得⑤ ピンインのつづりをマスターしよう

ピンインは、日本語のローマ字表記や英語のスペルとは違う仕組みでできています。どのような音なのか、日本語のローマ字読みや英語の発音と混同しないようにしましょう。そして、母音の章、子音の章で繰り返しお話しした「6つのルール」をしっかり覚えて、その発音とつづり方をマスターしましょう。

●著者： 盧 尤 （Lú Yóu　ろ・ゆう）

中国・昆明出身。上海華東師範大学中国文学部卒業。東京学芸大学大学院修了。「昆明日報」記者を経て、現在東京学芸大学、日本女子大学などで中国語教育に携わる。中国語翻訳や映画の字幕等も手がけている。

◎本書および付属 CD、音声ダウンロード、動画視聴に関するお問合せは下記へどうぞ。本書に関するご意見、ご感想もぜひお寄せください。

アスクユーザーサポートセンター　〒 162-8558　東京都新宿区下宮比町 2-6

- メール受付　support@ask-digital.co.jp

- お問合せ

https://sites.google.com/ask-digital.co.jp/customer/inquiry

- ご意見・ご感想

https://www.ask-books.com/review/
※ ISBN 下 5 桁「90987」をご入力ください。

編集部からの最新情報は ▶ アスク中国語編集部ツイッター @china_askbooks

日本人のための 中国語発音完全教本

2017年　9月14日　初版　第1刷　発行
2023年　4月25日　　　　第7刷　発行

著者	盧尤　©2017 by You Lu
装丁・本文デザイン	小熊未央
本文イラスト	有川通子
ナレーション	盧尤・高野涼子
スタジオ収録	有限会社スタジオグラッド
CD 制作	株式会社 KN コーポレーション
印刷・製本	大日本印刷株式会社
映像制作	有限会社クリエイティブクルー
企画・編集・DTP	アスク出版編集部　由利真美奈
本文写真・映像出演	ALA 中国語教室　胡玉菲・彭博
発行	株式会社アスク
	〒 162-8558　東京都新宿区下宮比町 2-6
	電話　03-3267-6863（編集）
	03-3267-6864（販売）
	FAX　03-3267-6867
	https://www.ask-books.com/
発行人	天谷修身

価格はカバーに表示してあります。許可なしに転載、複製することを禁じます。落丁本、乱丁本はお取り替えいたします。
ISBN978-4-86639-098-7　Printed in Japan